はじめに

技能検定は、労働者の有する技能を一定の基準によって検定し、これを公証する国家検定制度であり、技能に対する社会一般の評価を高め、働く人々の技能と地位の向上を図ることを目的として、職業能力開発促進法に基づいて1959年（昭和34年）から実施されています。

当研究会では、1975年（昭和50年）から技能検定試験受検者の学習に資するため、過去に出題された学科試験問題（1・2級）に解説を付して、「学科試験問題解説集」を発行しております。

このたびさらに、令和2・3・4年度に出題された学科試験問題、ならびに令和4年度の実技試験問題を「技能検定試験問題集（正解表付き）」として発行することになりました。

本問題集が1級・2級の技能士を目指して技能検定試験を受検される多くの方々にご利用いただき、大きな成果が上がることを祈念いたします。

令和5年4月

一般社団法人 雇用問題研究会

目　　次

技能検定の概要

1　技能検定試験の等級区分

技能検定試験は合格に必要な技能の程度を等級ごとに次のとおりに区分しています。

特　　級：検定職種ごとの管理者又は監督者が通常有すべき技能及びこれに関する知識の程度

1　　級：検定職種ごとの上級の技能労働者が通常有すべき技能及びこれに関する知識の程度

2　　級：検定職種ごとの中級の技能労働者が通常有すべき技能及びこれに関する知識の程度

3　　級：検定職種ごとの初級の技能労働者が通常有すべき技能及びこれに関する知識の程度

単一等級：検定職種ごとの上級の技能労働者が通常有すべき技能及びこれに関する知識の程度

※これらの他に外国人実習生等を対象とした基礎級があります。

2　検定試験の基準

技能検定は、実技試験及び学科試験によって行われています。

実技試験は、実際に作業などを行わせて、その技量の程度を検定する試験であり、学科試験は、技能の裏付けとなる知識について行う試験です。

実技試験及び学科試験は、検定職種の等級ごとに、それぞれの試験科目及びその範囲が職業能力開発促進法施行規則により、また、その具体的な細目が厚生労働省人材開発統括官通知により定められています。

⑴　実技試験

実技試験は、実際に作業（物の製作、組立て、調整など）を行わせて試験する、製作等作業試験が中心となっており、検定職種の大部分のものについては、その課題が試験日に先立って公表されています。

試験時間は、1級、2級及び単一等級については原則として5時間以内、3級については3時間以内が標準となっています。

また、検定職種によっては、製作等作業試験の他、実際的な能力を試験するため、次のような判断等試験又は計画立案等作業試験が併用されることがあります。

① 判断等試験

判断等試験は、製作等作業試験のみでは技能評価が困難な場合又は検定職種の性格や試験実施技術等の事情により製作等作業試験の実施が困難な場合に用いられるもので、例えば技能者として体得していなければならない基本的な技能について、原材料、模型、写真などを受検者に提示し、判別、判断などを行わせ、その技能を評価する試験です。

② 計画立案等作業試験

製作等作業試験、判断等試験の一方又は双方でも技能評価が不足する場合に用いられるもので、現場における実際的、応用的な課題を、表、グラフ、文章などにより設問したものを受検者に提示し、計算、計画立案、予測などを行わせることにより技能の程度を評価する試験です。

(2) 学科試験

学科試験は、単に学問的な知識を試験するものではなく、作業の遂行に必要な正しい判断力及び知識の有無を判定することに主眼がおかれています。また、それぞれの等級における試験の概要は次表のとおりです。

この中で、真偽法は一つの問題文の正誤を解答する形式であり、五肢択一法及び四肢択一法は一つの問題文について複数の選択肢の中から一つを選択して解答する形式です。

■学科試験の概要

等級区分	試験の形式	問題数	試験時間
特　級	五肢択一法	50題	2時間
1　級	真偽法及び四肢択一法	50題	1時間40分
2　級	真偽法及び四肢択一法	50題	1時間40分
3　級	真偽法	30題	1時間
単一等級	真偽法及び四肢択一法	50題	1時間40分

3　技能検定の受検資格

技能検定を受検するには、原則として検定職種に関する実務の経験が必要で、その年数は職業訓練歴、学歴等により異なっています（別表1参照）。

この実務の経験の範囲には、現場での作業のみならず管理、監督、訓練、教育及び研究の業務や訓練又は教育を受けた期間が含まれます。

4　試験の実施日程

技能検定試験は職種ごとに前期、後期に分かれていますが、日程の概要は次のとおりです。

項	前　期	後　期
受付期間	4月上旬～中旬	10月上旬～中旬
実技試験	6月上旬～9月上旬	12月上旬～翌年2月中旬
学科試験	8月下旬～9月上旬の日曜日 3級は7月上旬～中旬の日曜日	翌年1月下旬～2月上旬の日曜日
合格発表	10月上旬、3級は8月下旬	翌年3月中旬

※日程の詳細については都道府県職業能力開発協会（連絡先等は別表2参照）にお問い合わせ下さい。

5　技能検定の実施体制

技能検定は厚生労働大臣が定めた、実施計画に基づいて行うものですが、その実施業務は、厚生労働大臣、都道府県知事、中央職業能力開発協会、都道府県職業能力開発協会等の間で分担されており、受検の受付及び試験の実施については、都道府県職業能力開発協会が行っています。

6　技能検定試験受検手数料

技能検定試験の受検手数料は「実技試験：18,200円」及び「学科試験：3,100円」を標準額として、職種ごとに各都道府県で決定しています（令和5年4月1日現在、都道府県知事が実施する111職種）。

なお、25歳未満の在職者の方は、2級又は3級の実技試験の受検手数料が最大9,000円減額されます。詳しくは都道府県職業能力開発協会にお問い合わせ下さい。

7　技能検定の合格者

技能検定の合格者には、厚生労働大臣名（特級、1級、単一等級）又は都道府県知事名等（2級、3級）の合格証明が交付され、技能士と称することができます。

別表1

技能検定の受検に必要な実務経験年数一覧

（都道府県知事が実施する検定職種）

（単位：年）

<table>
<tr><th colspan="2" rowspan="2">受　検　対　象　者
（※1）</th><th>特級</th><th colspan="3">1　　級</th><th colspan="2">2　　級</th><th rowspan="2">3
級
（※6）</th><th rowspan="2">基礎級
（※6）</th><th rowspan="2">単一等級</th></tr>
<tr><th>1　級
合格後</th><th></th><th>2　級
合格後</th><th>3　級
合格後</th><th>（※6）</th><th>3　級
合格後</th></tr>
<tr><td colspan="2">実務経験のみ</td><td rowspan="15">5</td><td>7</td><td rowspan="10">2</td><td rowspan="10">4</td><td>2</td><td rowspan="13">0</td><td>0 ※7</td><td>0 ※7</td><td>3</td></tr>
<tr><td colspan="2">専門高校卒業　※2
専修学校(大学入学資格付与課程に限る）卒業</td><td>6</td><td>0</td><td>0</td><td>0</td><td>1</td></tr>
<tr><td colspan="2">短大・高専・高校専攻科卒業　※2
専門職大学前期課程修了
専修学校(大学編入資格付与課程に限る）卒業</td><td>5</td><td>0</td><td>0</td><td>0</td><td>0</td></tr>
<tr><td colspan="2">大学卒業(専門職大学前期課程修了者を除く）※2
専修学校（大学院入学資格付与課程に限る）卒業</td><td>4</td><td>0</td><td>0</td><td>0</td><td>0</td></tr>
<tr><td rowspan="3">専修学校　※3
又は各種学校卒業
(厚生労働大臣が指定したものに限る。)</td><td>800時間以上</td><td>6</td><td>0</td><td>0 ※8</td><td>0 ※8</td><td>1</td></tr>
<tr><td>1600時間以上</td><td>5</td><td>0</td><td>0 ※8</td><td>0 ※8</td><td>1</td></tr>
<tr><td>3200時間以上</td><td>4</td><td>0</td><td>0 ※8</td><td>0 ※8</td><td>0</td></tr>
<tr><td>短期課程の普通職業訓練修了 ※4 ※9</td><td>700時間以上</td><td>6</td><td>0</td><td>0 ※5</td><td>0 ※5</td><td>1</td></tr>
<tr><td rowspan="2">普通課程の普通職業訓練修了 ※4 ※9</td><td>2800時間未満</td><td>5</td><td>0</td><td>0</td><td>0</td><td>1</td></tr>
<tr><td>2800時間以上</td><td>4</td><td>0</td><td>0</td><td>0</td><td>0</td></tr>
<tr><td colspan="2">専門課程又は特定専門課程の高度職業訓練修了 ※4 ※9</td><td>3</td><td>1</td><td>2</td><td>0</td><td>0</td><td>0</td><td>0</td></tr>
<tr><td colspan="2">応用課程又は特定応用課程の高度職業訓練修了 ※9</td><td colspan="3">1</td><td>0</td><td>0</td><td>0</td><td>0</td></tr>
<tr><td colspan="2">指導員養成課程の指導員養成訓練修了 ※9</td><td colspan="3">1</td><td>0</td><td>0</td><td>0</td><td>0</td></tr>
<tr><td colspan="2">職業訓練指導員免許取得</td><td colspan="3">1</td><td>—</td><td>—</td><td>—</td><td>—</td><td>0</td></tr>
<tr><td colspan="2">高度養成課程の指導員養成訓練修了 ※9</td><td colspan="3">0</td><td>0</td><td>0</td><td>0</td><td>0</td><td>0</td></tr>
</table>

※ 1：検定職種に関する学科、訓練科又は免許職種に限る。

※ 2：学校教育法による大学、短期大学又は高等学校と同等以上と認められる外国の学校又は他法令学校を卒業した者並びに独立行政法人大学改革支援・学位授与機構により学士の学位を授与された者は学校教育法に基づくそれぞれのものに準ずる。

※ 3：大学入学資格付与課程、大学編入資格付与課程及び大学院入学資格付与課程の専修学校を除く。

※ 4：職業訓練法の一部を改正する法律（昭和53年法律第40号）の施行前に、改正前の職業訓練法に基づく高等訓練課程又は特別高等訓練課程の養成訓練を修了した者は、それぞれ改正後の職業能力開発促進法に基づく普通課程の普通職業訓練又は専門課程の高度職業訓練を修了したものとみなす。また、職業能力開発促進法の一部を改正する法律(平成4年法律第67号)の施行前に、改正前の職業能力開発促進法に基づく専門課程の養成訓練を修了した者は、専門課程の高度職業訓練を修了したものとみなし、改正前の職業能力開発促進法に基づく普通課程の養成訓練又は職業転換課程の能力再開発訓練（いずれも800時間以上のものに限る。）を修了した者はそれぞれ改正後の職業能力開発促進法に基づく普通課程又は短期課程の普通職業訓練を修了したものとみなす。

※ 5：総訓練時間が700時間未満のものを含む。

※ 6：3級(前期又は後期の期間にかかわらず随時実施するものは除く。)の技能検定については、上記のほか、検定職種に関する学科に在学する者及び検定職種に関する訓練科において職業訓練を受けている者等も受検できる。また、工業高等学校に在学する者等であって、かつ、工業高等学校の教員等による検定職種に係る講習を受講し、当該講習の責任者から技能検定試験受検に際して安全衛生上の問題等がないと判定されたものも受検できる。また、基礎級の技能検定については技能実習生のみが、3級（前期又は後期の期間にかかわらず随時実施するものに限る。）は基礎級（旧基礎1級及び基礎2級を含む）に合格した者のみが、2級（前期又は後期の期間にかかわらず随時実施するものに限る。）は基礎級（旧基礎1級及び基礎2級を含む）及び当該検定職種に係る3級の実技試験に合格した者のみが、受検できる。

※ 7：検定職種に関し実務の経験を有する者について、受検資格を認めることとする。

※ 8：当該学校が厚生労働大臣の指定を受けたものであるか否かに関わらず、受検資格を付与する。

※ 9：職業能力開発促進法第92条に規定する職業訓練又は指導員訓練に準ずる訓練の修了者においても、修了した職業訓練又は指導員訓練の訓練課程に応じ、受検資格を付与する。

別表２　**都道府県及び中央職業能力開発協会所在地一覧**

（令和５年４月現在）

協　会　名	郵便番号	所　在　地	電話番号
北海道職業能力開発協会	003-0005	札幌市白石区東札幌５条1-1-2　北海道立職業能力開発支援センター内	011-825-2386
青森県職業能力開発協会	030-0122	青森市大字野尻字今田 43-1　青森県立青森高等技術専門校内	017-738-5561
岩手県職業能力開発協会	028-3615	紫波郡矢巾町大字南矢幅 10-3-1　岩手県立産業技術短期大学校内	019-613-4620
宮城県職業能力開発協会	981-0916	仙台市青葉区青葉町 16-1	022-271-9917
秋田県職業能力開発協会	010-1601	秋田市向浜 1-2-1　秋田県職業訓練センター内	018-862-3510
山形県職業能力開発協会	990-2473	山形市松栄 2-2-1	023-644-8562
福島県職業能力開発協会	960-8043	福島市中町 8-2　福島県自治会館５階	024-525-8681
茨城県職業能力開発協会	310-0005	水戸市水府町 864-4　茨城県職業人材育成センター内	029-221-8647
栃木県職業能力開発協会	320-0032	宇都宮市昭和 1-3-10　栃木県庁舎西別館	028-643-7002
群馬県職業能力開発協会	372-0801	伊勢崎市宮子町 1211-1	0270-23-7761
埼玉県職業能力開発協会	330-0074	さいたま市浦和区北浦和 5-6-5　埼玉県浦和合同庁舎５階	048-829-2802
千葉県職業能力開発協会	261-0026	千葉市美浜区幕張西 4-1-10	043-296-1150
東京都職業能力開発協会	101-8527	千代田区内神田 1-1-5　東京都産業労働局神田庁舎５階	03-6631-6052
神奈川県職業能力開発協会	231-0026	横浜市中区寿町 1-4　かながわ労働プラザ６階	045-633-5419
新潟県職業能力開発協会	950-0965	新潟市中央区新光町 15-2　新潟県公社総合ビル４階	025-283-2155
富山県職業能力開発協会	930-0094	富山市安住町 7-18　安住町第一生命ビル２階	076-432-9887
石川県職業能力開発協会	920-0862	金沢市芳斉 1-15-15　石川県職業能力開発プラザ３階	076-262-9020
福井県職業能力開発協会	910-0003	福井市松本 3-16-10　福井県職員会館ビル４階	0776-27-6360
山梨県職業能力開発協会	400-0055	甲府市大津町 2130-2	055-243-4916
長野県職業能力開発協会	380-0836	長野市大字南長野南県町 688-2　長野県婦人会館３階	026-234-9050
岐阜県職業能力開発協会	509-0109	各務原市テクノプラザ 1-18　岐阜県人材開発支援センター内	058-260-8686
静岡県職業能力開発協会	424-0881	静岡市清水区楠 160	054-345-9377
愛知県職業能力開発協会	451-0035	名古屋市西区浅間 2-3-14　愛知県職業訓練会館内	052-524-2034
三重県職業能力開発協会	514-0004	津市栄町 1-954　三重県栄町庁舎４階	059-228-2732
滋賀県職業能力開発協会	520-0865	大津市南郷 5-2-14	077-533-0850
京都府職業能力開発協会	612-8416	京都市伏見区竹田流池町 121-3　京都府立京都高等技術専門校２階	075-642-5075
大阪府職業能力開発協会	550-0011	大阪市西区阿波座 2-1-1　大阪本町西第一ビルディング６階	06-6534-7510
兵庫県職業能力開発協会	650-0011	神戸市中央区下山手通 6-3-30　兵庫勤労福祉センター１階	078-371-2091
奈良県職業能力開発協会	630-8213	奈良市登大路町 38-1　奈良県中小企業会館２階	0742-24-4127
和歌山県職業能力開発協会	640-8272	和歌山市砂山南 3-3-38　和歌山技能センター内	073-425-4555
鳥取県職業能力開発協会	680-0845	鳥取市富安 2-159　久本ビル５階	0857-22-3494
島根県職業能力開発協会	690-0048	松江市西嫁島 1-4-5　SP ビル２階	0852-23-1755
岡山県職業能力開発協会	700-0824	岡山市北区内山下 2-3-10　アマノビル３階	086-225-1547
広島県職業能力開発協会	730-0052	広島市中区千田町 3-7-47　広島県情報プラザ５階	082-245-4020
山口県職業能力開発協会	753-0051	山口市旭通り 2-9-19　山口建設ビル３階	083-922-8646
徳島県職業能力開発協会	770-8006	徳島市新浜町 1-1-7	088-663-2316
香川県職業能力開発協会	761-8031	高松市郷東町 587-1　地域職業訓練センター内	087-882-2854
愛媛県職業能力開発協会	791-8057	松山市大可賀 2-1-28　アイテムえひめ内	089-993-7301
高知県職業能力開発協会	781-5101	高知市布師田 3992-4	088-846-2300
福岡県職業能力開発協会	813-0044	福岡市東区千早 5-3-1　福岡人材開発センター２階	092-671-1238
佐賀県職業能力開発協会	840-0814	佐賀市成章町 1-15	0952-24-6408
長崎県職業能力開発協会	851-2127	西彼杵郡長与町高田郷 547-21	095-894-9971
熊本県職業能力開発協会	861-2202	上益城郡益城町田原 2081-10　電子応用機械技術研究所内	096-285-5818
大分県職業能力開発協会	870-1141	大分市大字下宗方字古川 1035-1　大分職業訓練センター内	097-542-3651
宮崎県職業能力開発協会	889-2155	宮崎市学園木花台西 2-4-3	0985-58-1570
鹿児島県職業能力開発協会	892-0836	鹿児島市錦江町 9-14	099-226-3240
沖縄県職業能力開発協会	900-0036	那覇市西 3-14-1	098-862-4278
中央職業能力開発協会	160-8327	新宿区西新宿 7-5-25　西新宿プライムスクエア 11 階	03-6758-2859

建築板金

実技試験問題

令和4年度 技能検定
2級 建築板金（内外装板金作業）実技試験問題

次の注意事項及び仕様に従い、板金工具及びはんだ付け工具を使用し、溶融亜鉛めっき鋼板(亜鉛鉄板)厚さ0.35mmを加工して、落とし口のついた角どい状の製品を製作しなさい。

1 試験時間

標準時間　　4時間
打切り時間　　4時間30分

2 注意事項

(1) 支給された材料の品名、数量等が、「4 支給材料」のとおりであることを確認すること。
(2) 支給された材料に異常がある場合は、技能検定委員に申し出ること。
(3) 試験開始後は、原則として、支給材料の再支給をしない。
(4) 使用工具等は、「使用工具等一覧表」で指定した以外のものは使用しないこと。
(5) 試験中は、工具等の貸し借りを禁止とする。
なお、持参した工具等の予備を使用する場合は、技能検定委員の確認を受けること。
(6) 作業時の服装等は、安全性かつ作業に適したものとすること。
なお、作業時の服装等が著しく不適切であり、受検者の安全管理上、重大なけが・事故につながる等試験を受けさせることが適切でないと技能検定委員が判断した場合、試験を中止(失格)とする場合がある。
(7) 標準時間を超えて作業を行った場合は、超過時間に応じて減点される。
(8) 作業が終了した場合は、その旨を技能検定委員に申し出ることとし、工具等の手入れや清掃等は、その後に行うこと。
(9) **この問題には、事前に書込みをしないこと。また、試験中は、他の用紙にメモしたものや参考書等を参照することは禁止とする。**
(10) 試験中は、携帯電話、スマートフォン、ウェアラブル端末等の使用(電卓機能の使用を含む)を禁止とする。
(11) 工具の取扱い等について、そのまま継続するとけがを招くおそれがある危険な行為であると技能検定委員が判断した場合は、試験中にその旨を注意することがある。
さらに、当該注意を受けてもなお、危険な行為を続けた場合は、技能検定委員全員の判断により、試験を中止し、かつ、失格とする。
ただし、緊急性を伴うと判断した場合は、注意を挟まず、即中止(失格)とすることがある。

3 仕様

(1) 3ページの製作図に従い、落とし口のついた角どい状の製品を製作すること。*
(2) 展開図は、落とし口ますのみとし、ケント紙に描くこと。
(3) 展開図を溶融亜鉛めっき鋼板(亜鉛鉄板)に写す場合、それを切り抜いてゲージ代わりに使用しても、センターポンチやけがき針等を使用して写してもよい。
(4) 製品の表面(外側)は、けがき線がはっきりと認められることのないように製作すること。
(5) 溶着したはんだは、削ったり、やすりがけしたりしないこと。

＊本書ではP.14

4　支給材料

品　　　名	寸法又は規格	数量	備考
溶融亜鉛めっき鋼板 (亜鉛鉄板)	SGCC(JIS G 3302) 914mm×914mm×0.35mm	1枚	
リベット	ステンレス製　ブラインドリベット 丸頭、3.2mm	10本	
ケント紙	白　A2判(594mm×420mm)	1枚	

A３判を50%に縮小してあります

製作図

単位：mm

※あだ折りは８ｍｍとする

注）図は第三角法によるが、寸法は外側寸法とする。

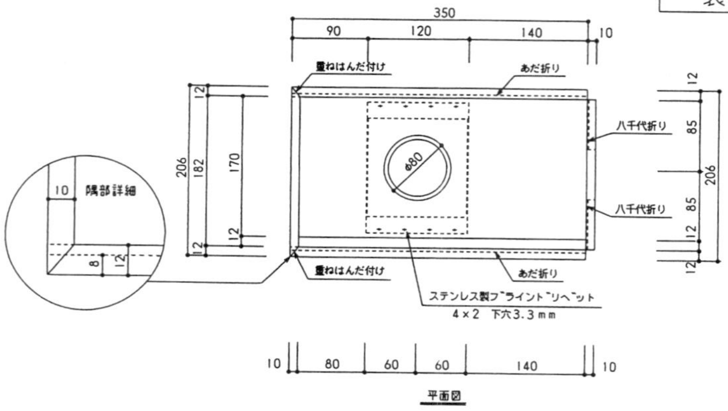

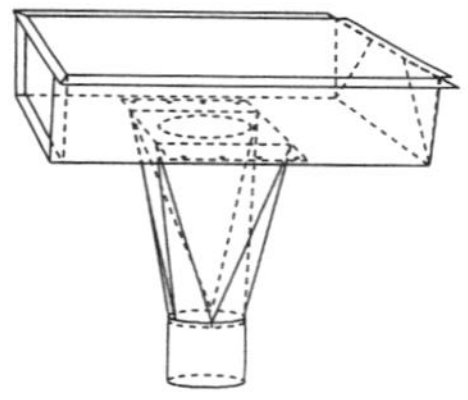

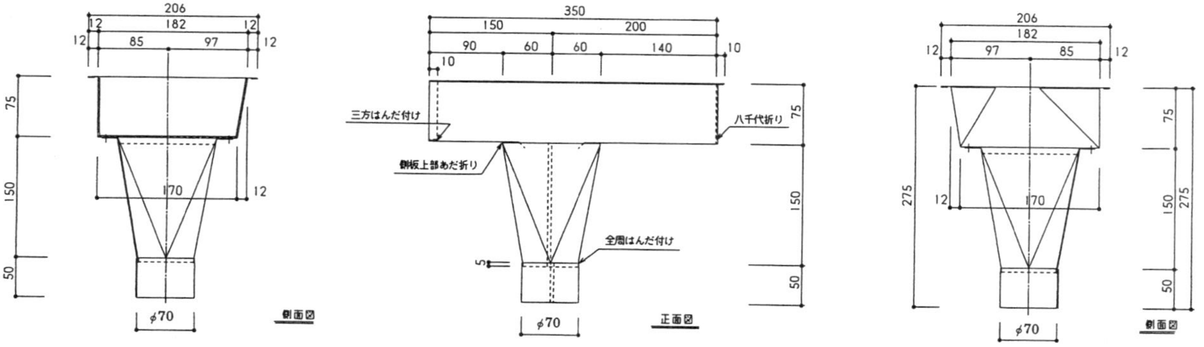

A３判を50%に縮小してあります

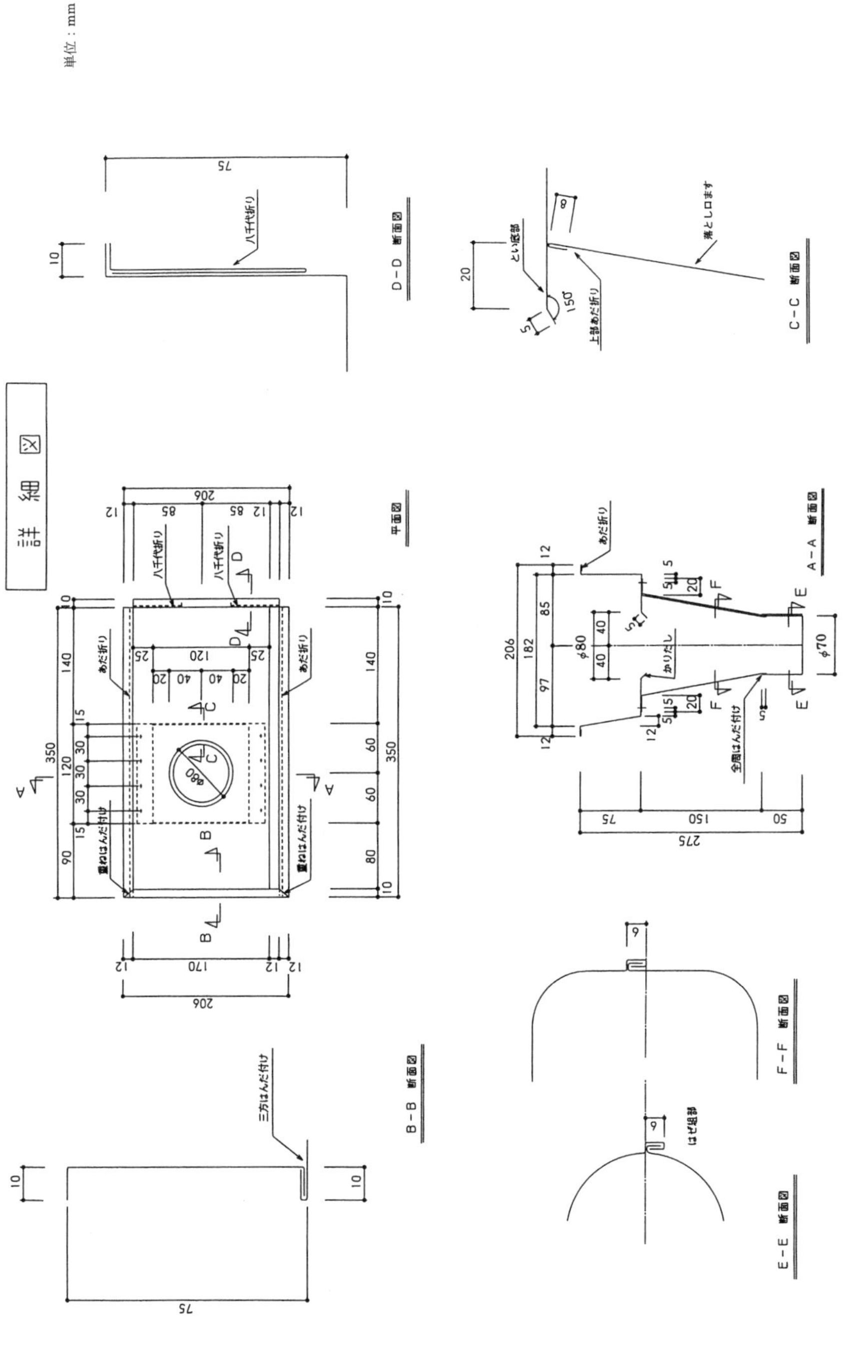

2級建築板金(内外装板金作業)実技試験使用工具等一覧表

1　受検者が持参するもの

品　　名	寸法又は規格	数量	備　　考
電気はんだごて	350W以下	一式	こて先の形状は自由 電池式・充電式不可
はんだ付け用具(はんだ及び溶剤を含む)		一式	こて先修正用のやすりの持込み可
製図用具		一式	製図板の持込み可 ＊ドラフターは使用不可、ただし平行定規、T定規は使用可
金切りバサミ(直刃、柳刃、えぐり刃)		各1	替え刃式可
ハンマー		各1	木ハンマー又は田楽ハンマー 板金ハンマー　　(合計２本)
つかみばし	大、中、小	各1	
拍子木		2	
かたな刃		1	
かげたがね		3	ゴムマットの持込み可
折り台	長さ900mm以上、幅200mm以下、高さ100mm程度	1	レールも可 幅170mmは持込み不可
コンパス	100mm～300mm程度	3	
パス	外パス、内パス、片パス	各1	
けがき針		1	
ため棒(心金)	外径50mm程度 長さ1000mm程度	1	円筒形のもの(固定台を含む)
こまのつめ、いちょうばならし及びあて盤		一式	木台(こまのつめ等のささえとため棒のずれ止め以外の加工不可)含む
ブラインドリベッター		1	手動式
センターポンチ		1	
直尺及び曲尺	500mm～1000mm	各1	
菊しぼり(先ぼそヤットコ)		1	
はぜころし		1	
電気ドリル	100V、φ6.5mm	1	充電式も可
ドリル	φ3.3mm	適宜	予備及びバリ取り用のドリルの持込み可
作業服等		一式	手袋を含む
ウエス		適宜	
飲料		適宜	熱中症対策、水分補給用

注)　1　治具、型板の類、定盤、加工用機械類、計算機の持込みは禁止する。
　　2　使用工具等は、上表のものに限るが、同一種類のものを予備として持参することは差し支えない。(受検者が不必要と判断するものは、持参しなくてよい。)
　　3　「飲料」については、各自で試験会場の状況や天候等を考慮の上、持参すること。

2　試験場に準備されているもの

品　　名	寸法又は規格	数量	備　　考
合板	600mm×900mm×12mm以上	1枚/1人	製図用
セロハンテープ	幅18mm程度	適宜	ドラフティングテープでも可

令和4年度 技能検定
1級 建築板金（内外装板金作業）実技試験問題

次の注意事項及び仕様に従い、板金工具及びはんだ付け工具を使用し、溶融亜鉛めっき鋼板(亜鉛鉄板)厚さ0.35mmを加工して、落とし口のついた谷どい状の製品を製作しなさい。

1 試験時間

標準時間	4時間30分
打切り時間	5時間

2 注意事項

(1) 支給された材料の品名、数量等が、「4 支給材料」のとおりであることを確認すること。
(2) 支給された材料に異常がある場合は、技能検定委員に申し出ること。
(3) 試験開始後は、原則として、支給材料の再支給をしない。
(4) 使用工具等は、「使用工具等一覧表」で指定した以外のものは使用しないこと。
(5) 試験中は、工具等の貸し借りを禁止とする。
なお、持参した工具等の予備を使用する場合は、技能検定委員の確認を受けること。
(6) 作業時の服装等は、安全性かつ作業に適したものとすること。
なお、作業時の服装等が著しく不適切であり、受検者の安全管理上、重大なけが・事故につながる等試験を受けさせることが適切でないと技能検定委員が判断した場合、試験を中止(失格)とする場合がある。
(7) 標準時間を超えて作業を行った場合は、超過時間に応じて減点される。
(8) 作業が終了した場合は、その旨を技能検定委員に申し出ることとし、工具等の手入れや清掃等は、その後に行うこと。
(9) この問題には、事前に書込みをしないこと。また、試験中は、他の用紙にメモしたものや参考書等を参照することは禁止とする。
(10) 試験中は、携帯電話、スマートフォン、ウェアラブル端末等の使用(電卓機能の使用を含む)を禁止とする。
(11) 工具の取扱い等について、そのまま継続するとけがを招くおそれがある危険な行為であると技能検定委員が判断した場合は、試験中にその旨を注意することがある。
さらに、当該注意を受けてもなお、危険な行為を続けた場合は、技能検定委員全員の判断により、試験を中止し、かつ、失格とする。
ただし、緊急性を伴うと判断した場合は、注意を挟まず、即中止(失格)とすることがある。

3 仕様

(1) 3ページの製作図に従い、落とし口のついた谷どい状の製品を製作すること。*
(2) 展開図は、落とし口ますのみとし、ケント紙に描くこと。
(3) 展開図を溶融亜鉛めっき鋼板(亜鉛鉄板)に写す場合、それを切り抜いてゲージ代わりに使用しても、センターポンチやけがき針等を使用して写してもよい。
(4) 製品の表面(外側)は、けがき線がはっきりと認められることのないように製作すること。
(5) 溶着したはんだは、削ったり、やすりがけしたりしないこと。
(6) 製作図中のXの寸法は、100mm、110mm及び120mmの3つの寸法から1つを試験当日に指示する。

＊本書ではP.19

4　支給材料

品　　名	寸法又は規格	数量	備考
溶融亜鉛めっき鋼板(亜鉛鉄板)	SGCC(JIS G 3302) 914mm×600mm×0.35mm	1枚	
リベット	銅リベット　CuW(JIS B 1213) φ3mm×4mm	20本	
小ねじ及びナット	十字穴つきなべ小ねじ(鋼製亜鉛めっき) JIS B 1111及びナットJIS B 1181 M4mm×10mm	2組	
ケント紙	白　A2判(594mm×420mm)	1枚	

A３判を50%に縮小してあります

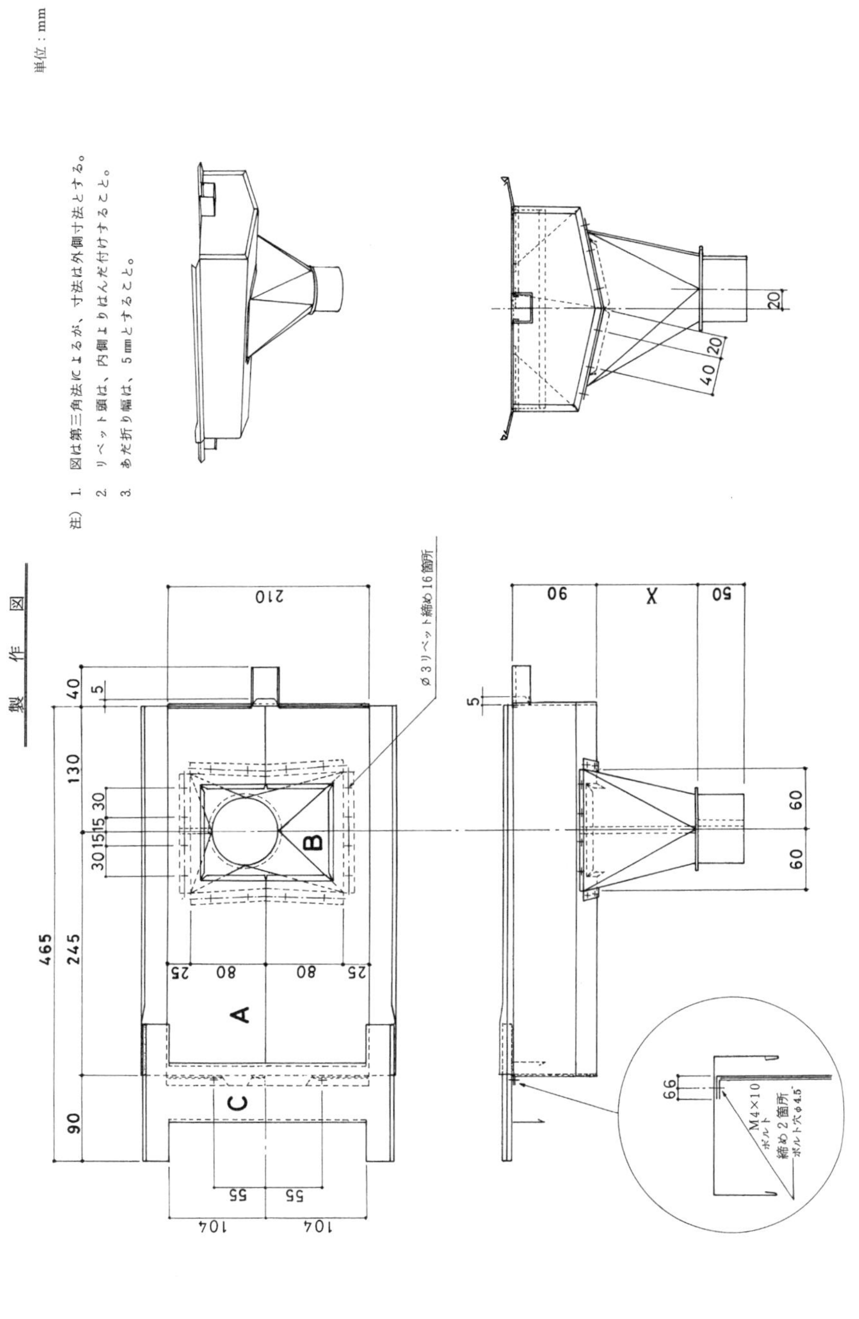

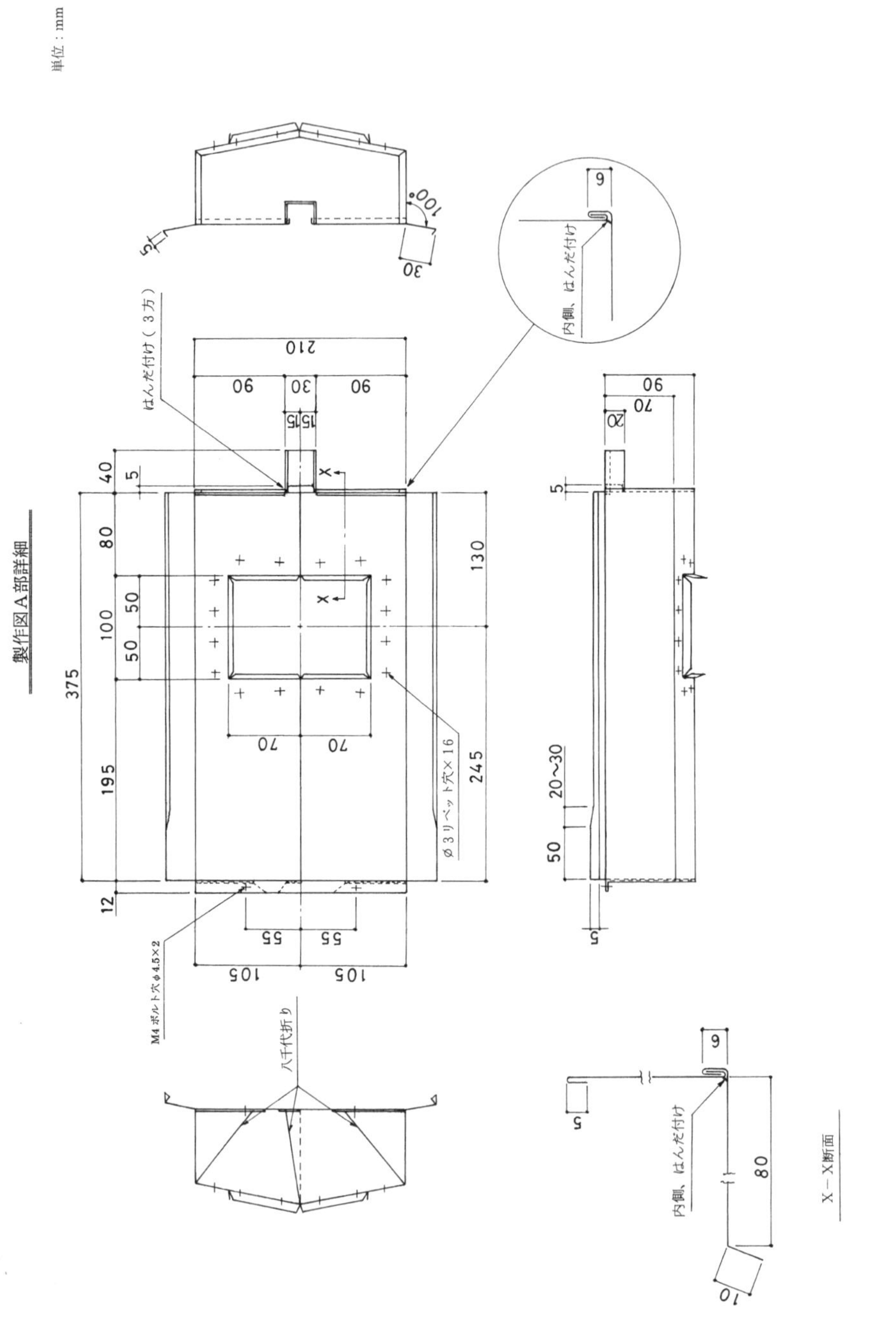
単位：mm
製作図A部詳細
はんだ付け（３方）
内側、はんだ付け
φ３リベット穴×16
M4ボルト穴φ4.5×2
八千代折り
内側、はんだ付け
X－X断面

A３判を50%に縮小してあります

単位：mm

製作図C部詳細

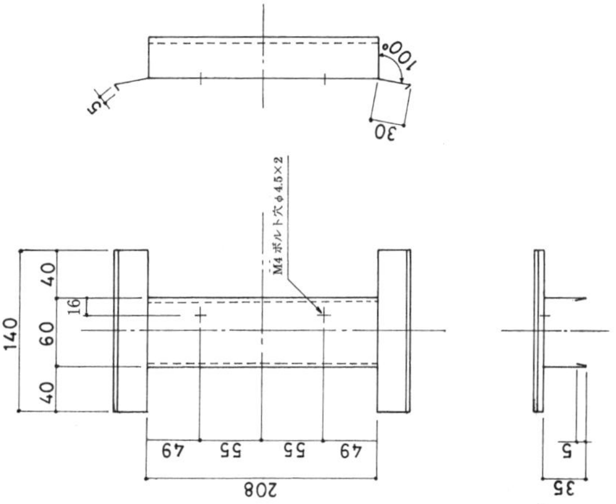

製作図B部詳細

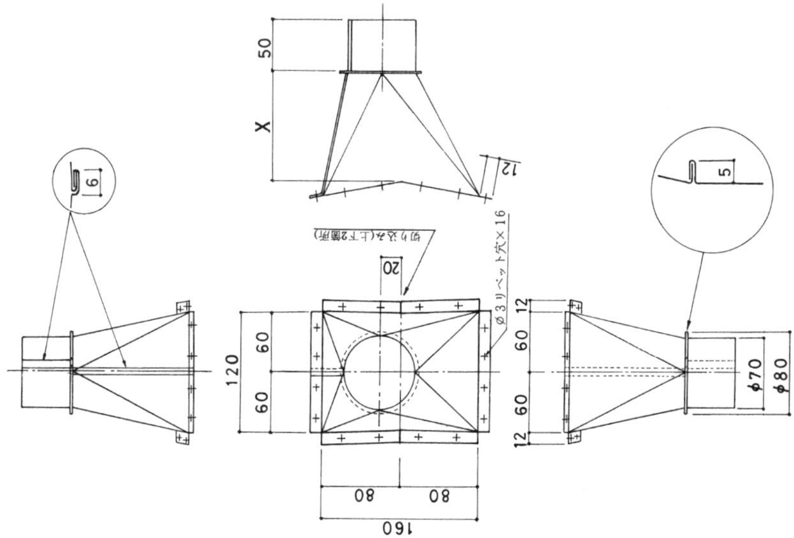

1級建築板金(内外装板金作業)実技試験使用工具等一覧表

1　受検者が持参するもの

品　　名	寸法又は規格	数量	備　　考
電気はんだごて	350W以下	一式	こて先の形状は自由 電池式・充電式不可
はんだ付け用具(はんだ及び溶剤を含む)		一式	こて先修正用のやすりの持込み可
製図用具		一式	製図板の持込み可 ＊ドラフターは使用不可、ただし平行定規、T定規は使用可
金切りバサミ(直刃、柳刃、えぐり刃)		各1	替え刃式可
ハンマー		適宜	木ハンマー、田楽ハンマー 板金ハンマー
つかみばし	大、中、小	各1	
拍子木		2	
かたな刃		1	
かげたがね		3	ゴムマットの持込み可
折り台	長さ900mm以上、幅200mm以下、高さ100mm程度	1	レールも可
コンパス	100mm～300mm程度	3	
パス	外パス、内パス、片パス	各1	
けがき針		1	
ため棒(心金)	外径50mm程度 長さ1000mm程度	1	円筒形のもの(固定台を含む)
こまのつめ、いちょうばならし及びあて盤		一式	木台(こまのつめ等のささえとため棒のずれ止め以外の加工不可)含む ＊R40のいちょうばならしは、持込み不可
センターポンチ		1	
直尺及び曲尺	500mm～1000mm	各1	
菊しぼり(先ぼそヤットコ)		1	
はぜころし		1	

品　　名	寸法又は規格	数量	備　　考
ドライバー(+)		1	
プライヤー		1	
スパナ		1	M4ナット用
電気ドリル	100V、ϕ6.5mm	1	充電式も可
ドリル	ϕ3.2mm、ϕ4.5mm	適宜	予備及びバリ取り用ドリルの持込み可
リベット絞め工具		一式	
作業服等		一式	手袋を含む
ウエス		適宜	
飲料		適宜	熱中症対策、水分補給用

注）1　治具、型板の類、定盤、加工用機械類、計算機の持込みは禁止する。
2　使用工具等は、上表のものに限るが、同一種類のものを予備として持参することは差し支えない。（受検者が不必要と判断するものは、持参しなくてよい。）
3　「飲料」については、各自で試験会場の状況や天候等を考慮の上、持参すること。

2　試験場に準備されているもの

品　　名	寸法又は規格	数量	備　　考
合板	600mm×900mm×12mm以上	1枚/1人	製図用
セロハンテープ	幅18mm程度	適宜	ドラフティングテープでも可

令和4年度 技能検定
2級 建築板金(ダクト板金作業)実技試験問題

次の注意事項及び仕様に従い、支給材料や使用工具等に掲げるものを使用して、製作図に示す製品を製作しなさい。

1 試験時間

標準時間　3時間30分

打切り時間　4時間

2 注意事項

(1) 支給された材料の品名、数量等が、「4 支給材料」のとおりであることを確認すること。
(2) 支給された材料に異常がある場合は、技能検定委員に申し出ること。
(3) 試験開始後は、原則として、支給材料の再支給をしない。
(4) 使用工具等は、使用工具等一覧表で指定した以外のものは使用しないこと。
(5) 試験中は、工具等の貸し借りを禁止とする。
なお、持参した工具等の予備を使用する場合は、技能検定委員の確認を受けること。
(6) 作業時の服装等は、安全性かつ作業に適したものを着用すること。
なお、作業時の服装等が著しく不適切であり、受検者の安全管理上、重大なけが・事故につながる等試験を受けさせることが適切でないと技能検定委員が判断した場合、試験を中止(失格)とする場合がある。
(7) 標準時間を超えて作業を行った場合は、超過時間に応じて減点される。
(8) 作業終了時は、その旨を技能検定委員に申し出ること。
(9) 技能検定委員に作業が終了した旨の報告を行った後、工具等の手入れや清掃を行うこと。
(10) **この問題には、事前に書込みをしないこと。また、試験中は、他の用紙にメモしたものや参考書等を参照することは禁止とする。**
(11) 試験中は、携帯電話、スマートフォン、ウェアラブル端末等の使用(電卓機能の使用を含む)を禁止とする。
(12) 工具の取扱い等について、そのまま継続するとけがを招くおそれがある危険な行為であると技能検定委員が判断した場合は、試験中にその旨を注意することがある。
さらに、当該注意を受けてもなお、危険な行為を続けた場合は、技能検定委員全員の判断により、試験を中止し、かつ、失格とする。
ただし、緊急性を伴うと判断した場合は、注意を挟まず、即中止(失格)とすることがある。

3 仕様

(1) 展開図は、支給材料を使用して描くこと。
(2) 製品の外側に、けがき線やマーキングペン等の線等を出さないようにすること。

A３判を50%に縮小してあります

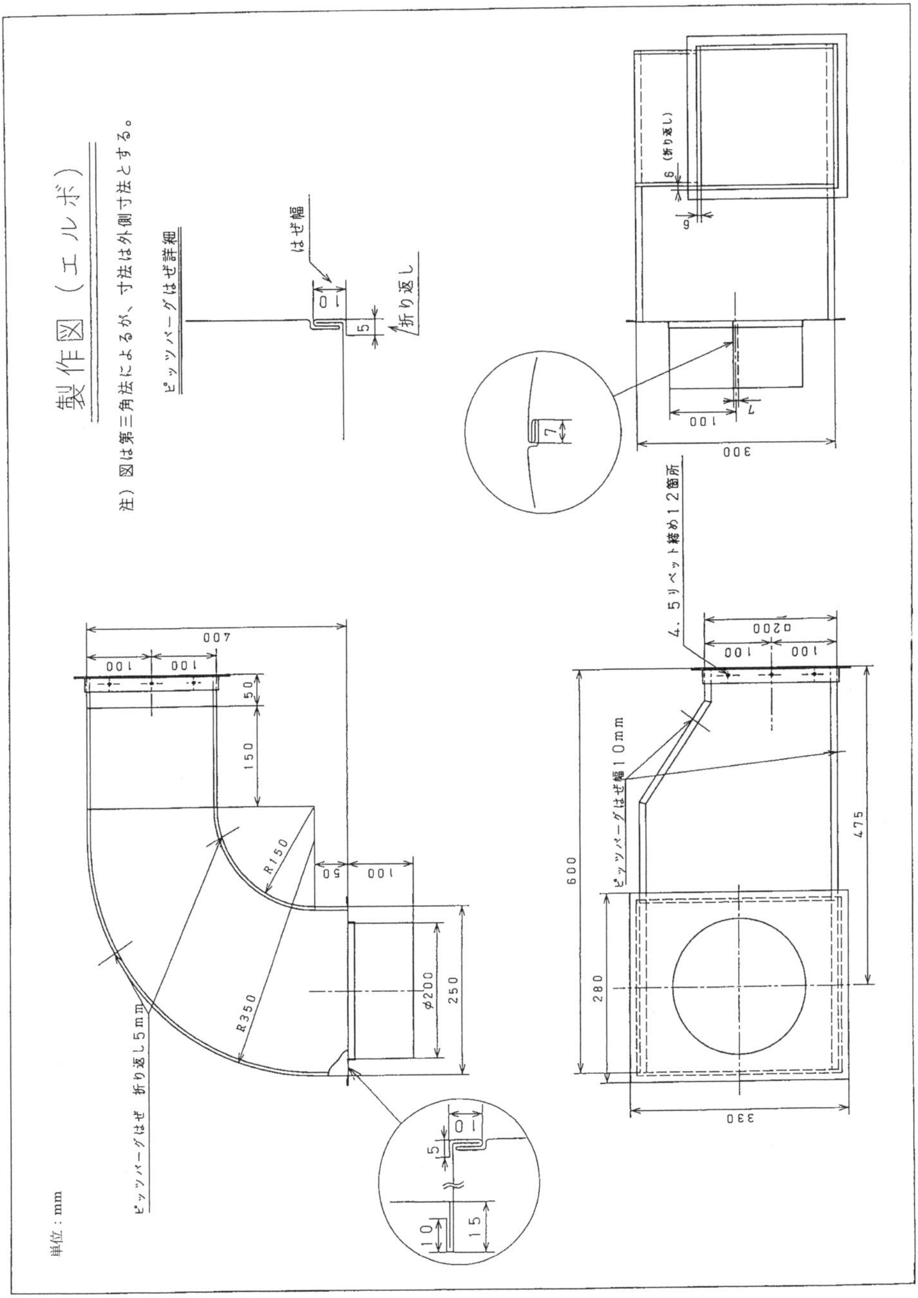

4　支給材料

品　　名	寸法又は規格	数量	備　　考
溶融亜鉛めっき鋼板	SGCC(JIS　G3302) 1829mm×914mm×0.5mm	1枚	
鋼製フランジ	L25mm×25mm×3mm 内側寸法$202^{+0.5\text{mm}}_{0\text{mm}}$ ×$202^{+0.5\text{mm}}_{0\text{mm}}$	1個	
鋼製リベット	冷間丸リベット(JIS　B1213) φ4.5mm×8mm	15本	

2級建築板金（ダクト板金作業）実技試験使用工具等一覧表

受検者が持参するもの

品　　名	寸法又は規格	数量	備　　考
コンパス	大、中、小	各1	
けがき針		1	
すみ壺、すみさし、水糸		一式	
センターポンチ		1	
直尺又は曲尺	500mm～1000mm	1	各1でも可
巻尺	スチール製	1	
金切りバサミ(直刃、柳刃、えぐり刃)		各1	予備として各1は持込み可
ハンマー(木ハンマー、板金ハンマー、片手ハンマー)		各1	予備として各1は持込み可
レール		1	
拍子木		1	
かたな刃		1	
かげたがね		1	
折り台		1	チャンネル鋼も可
こまのつめ又はあて盤		1	各1でも可 木台を含む
呼び出し		1	
はぜおこし		1	
ため棒(心金)	外径100mm程度 長さ1000mm程度	1	円筒形のもの（固定台を含む）
つかみばし		1	
筆記用具		適宜	
ウエス、ガムテープ		適宜	
作業服等		一式	手袋を含む
飲料		適宜	熱中症対策、水分補給用

注) 1. 使用工具等は、上記のものに限るが、同一種類のものを予備として持参することは差し支えない。ただし、治具、型板、計算機、加工用機械類の持込みは禁止する。
2. 受検者が不必要と判断するものは、持参しなくてよい。
3. 「飲料」については、各自で試験会場の状況や天候等を考慮の上、持参すること。

令和4年度 技能検定
1級 建築板金(ダクト板金作業)実技試験問題

次の注意事項及び仕様に従い、支給材料や使用工具等に掲げるものを使用して、製作図に示す製品を製作しなさい。

1 試験時間

標準時間　　3時間30分

打切り時間　　4時間

2 注意事項

(1) 支給された材料の品名、数量等が、「4　支給材料」のとおりであることを確認すること。
(2) 支給された材料に異常がある場合は、技能検定委員に申し出ること。
(3) 試験開始後は、原則として、支給材料の再支給をしない。
(4) 使用工具等は、使用工具等一覧表で指定した以外のものは使用しないこと。
(5) 試験中は、工具等の貸し借りを禁止とする。
なお、持参した工具等の予備を使用する場合は、技能検定委員の確認を受けること。
(6) 作業時の服装等は、安全性かつ作業に適したものを着用すること。
なお、作業時の服装等が著しく不適切であり、受検者の安全管理上、重大なけが・事故につながる等試験を受けさせることが適切でないと技能検定委員が判断した場合、試験を中止(失格)とする場合がある。
(7) 標準時間を超えて作業を行った場合は、超過時間に応じて減点される。
(8) 作業終了時は、その旨を技能検定委員に申し出ること。
(9) 技能検定委員に作業が終了した旨の報告を行った後、工具等の手入れや清掃を行うこと。
(10) **この問題には、事前に書込みをしないこと。また、試験中は、他の用紙にメモしたものや参考書等を参照することは禁止とする。**
(11) 試験中は、携帯電話、スマートフォン、ウェアラブル端末等の使用(電卓機能の使用を含む)を禁止とする。
(12) 工具の取扱い等について、そのまま継続するとけがを招くおそれがある危険な行為であると技能検定委員が判断した場合は、試験中にその旨を注意することがある。
さらに、当該注意を受けてもなお、危険な行為を続けた場合は、技能検定委員全員の判断により、試験を中止し、かつ、失格とする。
ただし、緊急性を伴うと判断した場合は、注意を挟まず、即中止(失格)とすることがある。

3 仕様

(1) 展開図は、支給材料を使用して描くこと。
(2) 製品の外側に、けがき線やマーキングペン等の線等を出さないようにすること。

A３判を50%に縮小してあります

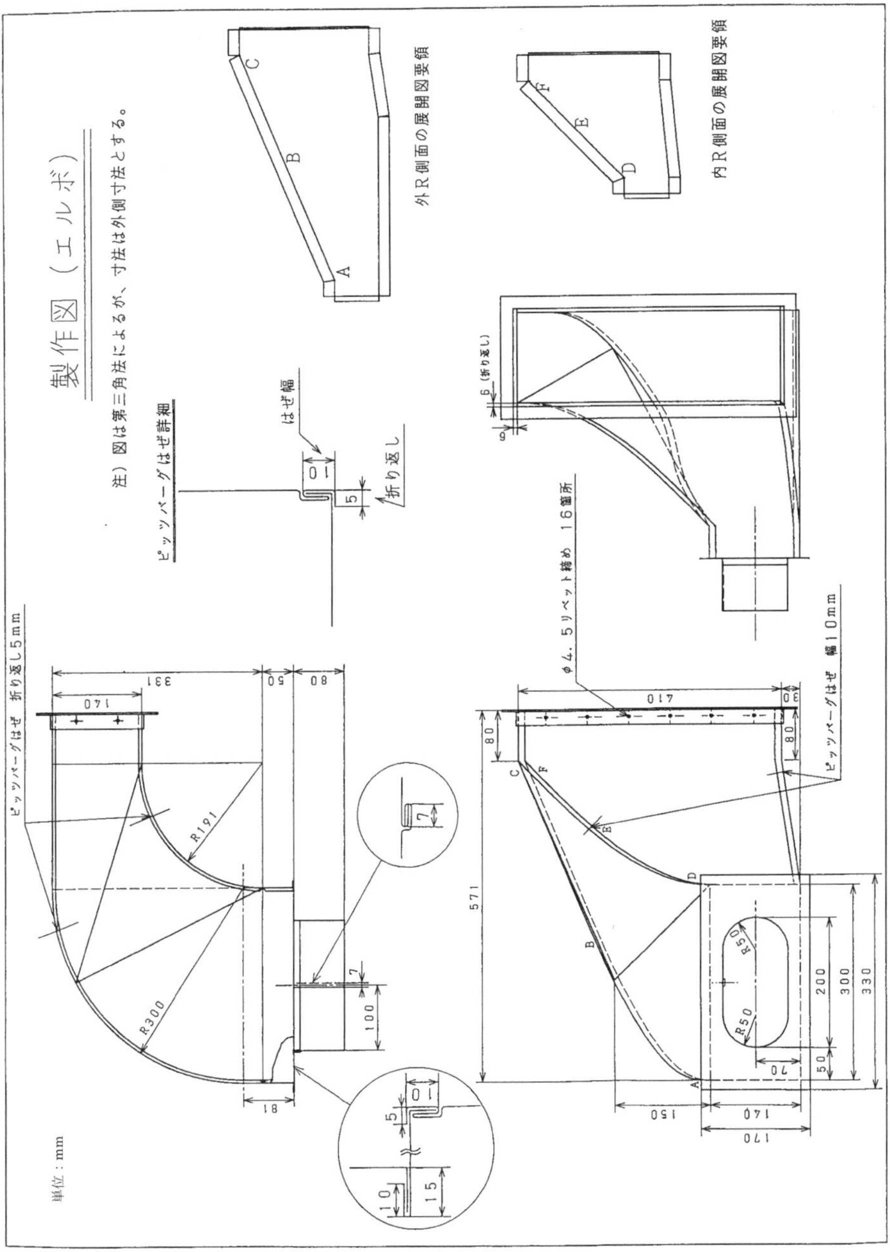

4　支給材料

品　　名	寸法又は規格	数量	備考
溶融亜鉛めっき鋼板	SGCC(JIS　G3302) 1829mm×914mm×0.5mm	1枚	
鋼製フランジ	L25mm×25mm×3mm 内側寸法412 $^{+0.5\text{mm}}_{0\text{mm}}$ ×142 $^{+0.5\text{mm}}_{0\text{mm}}$	1個	
鋼製リベット	冷間丸リベット(JIS　B1213) φ4.5mm×8mm	20本	

1級建築板金（ダクト板金作業）実技試験使用工具等一覧表

受検者が持参するもの

品　　名	寸法又は規格	数量	備　　考
コンパス	大、中、小	各1	
けがき針		1	
すみ壺、すみさし、水糸		一式	
センターポンチ		1	
直尺又は曲尺	500mm～1000mm	1	各1でも可
巻尺	スチール製	1	
金切りバサミ(直刃、柳刃、えぐり刃)		各1	予備として各1は持込み可
ハンマー(木ハンマー、板金ハンマー、片手ハンマー)		各1	予備として各1は持込み可
レール		1	
拍子木		1	
かたな刃		1	
かげたがね		1	
折り台		1	チャンネル鋼も可
こまのつめ又はあて盤		1	各1でも可 木台を含む
呼び出し		1	
はぜおこし		1	
ため棒(心金)	外径50mm程度 長さ1000mm程度	1	円筒形のもの（固定台を含む）
つかみばし		1	
筆記用具		適宜	
ウエス、ガムテープ		適宜	
作業服等		一式	手袋を含む
飲料		適宜	熱中症対策、水分補給用

注）1. 使用工具等は、上記のものに限るが、同一種類のものを予備として持参することは差し支えない。ただし、治具、型板、計算機、加工用機械類の持込みは禁止する。
2. 受検者が不必要と判断するものは、持参しなくてよい。
3. 「飲料」については、各自で試験会場の状況や天候等を考慮の上、持参すること。

建築板金

学科試験問題

令和４年度 技能検定
２級 建築板金 学科試験問題
（内外装板金作業）

1. 試験時間　1時間40分
2. 問題数　50題(A群25題、B群25題)
3. 注意事項

（1） 係員の指示があるまで、この表紙はあけないでください。

（2） 答案用紙(真偽法と多肢択一法の併用)に検定職種名、作業名、級別、受検番号、氏名を必ず記入してください。

（3） 係員の指示に従って、問題数を確かめてください。それらに異常がある場合は、黙って手を挙げてください。問題はA群(真偽法)とB群(多肢択一法)とに分かれています。

（4） 試験開始の合図で始めてください。

（5） 解答の方法(真偽法と多肢択一法の併用)は次のとおりです。

イ．　A群の問題(真偽法)は、一つ一つの問題の内容が正しいか、誤っているかを判断して解答してください。

ロ．　B群の問題(多肢択一法)は、正解と思うものを一つだけ選んで、解答してください。二つ以上に解答した場合は誤答となります。

ハ．　答案用紙(マークシート用紙)へ解答する際は、答案用紙に記載されている注意事項に従ってください。

ニ．　答案用紙の解答欄は、A群の問題とB群の問題とでは異なります。所定の解答欄に、試験問題の題数に応じて解答してください。解答欄はA群は50題まで、B群は25題まで解答できるようになっています。

（6） 電子式卓上計算機その他これと同等の機能を有するものは、使用してはいけません。

（7） 携帯電話、スマートフォン、ウェアラブル端末等は、使用してはいけません。

（8） 試験中、質問があるときは、黙って手を挙げてください。ただし、試験問題の内容、漢字の読み方等に関する質問にはお答えできません。

（9） 試験終了時刻前に解答ができあがった場合は、黙って手を挙げて、係員の指示に従ってください。

(10) 試験中に手洗いに立ちたいときは、黙って手を挙げて、係員の指示に従ってください。

(11) 試験終了の合図があったら、筆記用具を置き、係員の指示に従ってください。

［A群（真偽法）］

1　鋼板の最小曲げ半径は、材質が同じであれば、板厚が厚くなるほど大きくなる。

2　せん断加工により切り出した板金の曲げ加工では、端部にかえり(バリ)がある方の面を内側にして曲げると、外側にして曲げた場合よりも板金に割れが発生しにくい。

3　右の図Bは、左の図Aに示す円錐《すい》の側面の展開図である。

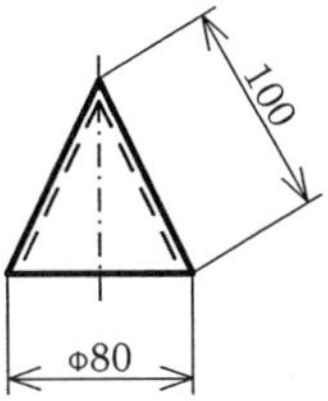

図A

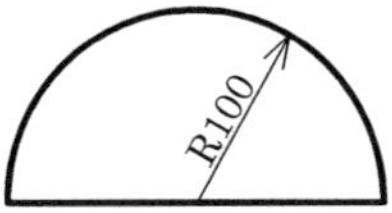

図B

4　寸法が内径で示された円筒を板金の曲げ加工により製作する場合、円筒の周方向の板取り寸法は、下式で求める。ただし、はぜしろ及び重ねしろは、考えないものとする。

板取り寸法＝(内径－板厚)×π

5　アーク溶接において、溶接棒の径が4mm以下の場合、溶接時のアークの長さは、溶接棒の径と同程度がよい。

6　スケヤシャーのシャー角は、板金のせん断に要する力を小さくするために付けられている。

7　ロール成形機は、長尺の板金の加工に適している。

8　クランクプレスは、一般に、油圧プレスよりも加工速度が遅い。

9　ねじ切り作業において、タップは、めねじを切るのに使用する。

10　塑《そ》性とは、物体が外力を受けると変形し、外力が取り除かれると元の形状に戻る性質をいう。

11　鉄筋コンクリート造では、主として、コンクリートが引張り力を、鉄筋が圧縮力を負担している。

12　日本産業規格(JIS)によれば、製図において、引出線には、細い二点鎖線を用いる。

13　導線の電気抵抗は、その断面積に比例する。

［A群（真偽法）］

14　整流器は、交流電流を直流電流に変換する機器である。

15　労働安全衛生法関係法令によれば、高所作業車の運転者は、走行のための運転位置から離れるとき(作業床に労働者が乗って作業を行い、又は作業を行おうとしている場合を除く。)は、作業床を最低降下位置に置かなければならない。

16　鋼材の焼入れは、鋼材を適正な温度に加熱した後、できるだけゆっくりと冷却するのがよい。

17　ぼうず床を使用して板金を絞り加工する場合は、板金の外周部から中心部に向かって絞り作業を行う。

18　下図は、ピッツバーグはぜの断面を示している。

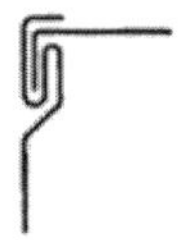

19　設計図書には、施工図も含まれる。

20　SRC造は、鉄筋コンクリート造の略称である。

21　和風建築において、破風板とは、軒先の垂木の先端を隠すために取り付ける板をいう。

22　下図のAは、はいどい(流れどい)を示している。

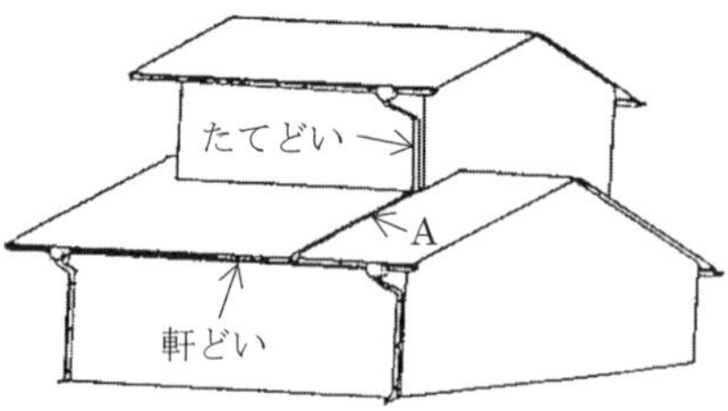

［A群（真偽法）］

23　下図の屋根における部材Aは、鳥衾《とりぶすま》である。

24　建築材料は、一般に、熱伝導率が小さいほど断熱性が高い。

25　労働安全衛生法関係法令によれば、事業者は、高さが 2m 以上の作業床の端、開口部等で墜落により労働者に危険を及ぼすおそれのある箇所には、囲い、手すり、覆《おお》い等を設けなければならない。

［B群（多肢択一法）］

1　次のうち、せん断加工した鋼板の切り口の部位や形状を表す名称でないものはどれか。

　イ　だれ

　ロ　せん断面

　ハ　破断面

　ニ　ねじれ

2　次のうち、下図のように板金をR30の半円形に切り抜くのに最も適したものはどれか。

　イ　えぐり刃

　ロ　柳刃

　ハ　直刃

　ニ　なまこ切り(波板はさみ)

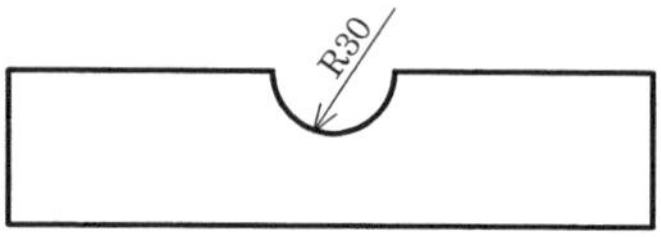

3　次の平面図及び正面図に示す切頭四角錐《すい》の側面の展開図として、適切なものはどれか。

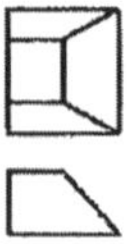

平面図

正面図

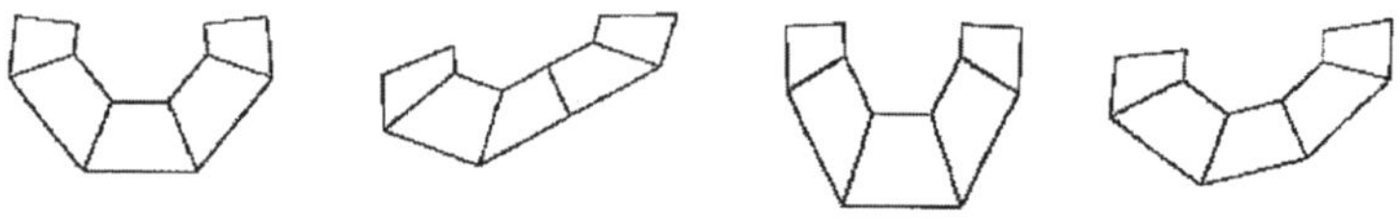

イ　　ロ　　ハ　　ニ

4　各種材料にけがき針でけがき線を引く際の一般的な要領として、適切でないものはどれか。

　イ　硬質材は、強くけがく。

　ロ　軟質材は、軽くけがく。

　ハ　銅板は、強くけがく。

　ニ　アルミニウム板は、軽くけがく。

5　次のうち、溶接の欠陥を表す名称でないものはどれか。

　イ　ブローホール

　ロ　ダウンカット

　ハ　オーバラップ

　ニ　スラグの巻込み

［B群（多肢択一法）］

6　下図に示すリベット形状と名称の組合せとして、適切でないものはどれか。

丸皿リベット　なべリベット　丸リベット　平リベット
イ　ロ　ハ　ニ

7　次のうち、コイル状の板金材を円形刃により連続的に複数の帯板に切断できる機械はどれか。
　イ　スケヤシャー
　ロ　ニブリングマシン
　ハ　ガングスリッタ
　ニ　ギャップシャー

8　3本ロール機に関する記述として、適切でないものはどれか。
　イ　ピラミッドタイプは、一般に、厚板の曲げ加工に使用される。
　ロ　ピンチタイプは、一般に、薄板の曲げ加工に使用される。
　ハ　ロール軸を板金の圧延方向と平行にして曲げ加工するよりも、板金の圧延方向と直角にして曲げ加工を行った方が、板金に割れが生じやすい。
　ニ　手動式のものと動力式のものがある。

9　文中の(　　)内に当てはまる数値として、適切なものはどれか。
　プレスブレーキにおけるエアベンディング用90°曲げ型ダイの溝幅は、加工する板金の板厚の(　　)倍程度が適切である。
　イ　8
　ロ　12
　ハ　16
　ニ　20

10　次のうち、手作業で厚さ2mmの鋼板を切断するのに適しているものはどれか。
　イ　かたな刃
　ロ　影たがね
　ハ　溝たがね
　ニ　平たがね

11　フックの法則によれば、弾性変形における応力とひずみの関係として、適切なものはどれか。
　イ　応力は、ひずみに反比例する。
　ロ　応力は、ひずみの二乗に反比例する。
　ハ　応力は、ひずみに比例する。
　ニ　応力は、ひずみの二乗に比例する。

［B群（多肢択一法）］

12　下図における屋根の形状の名称として、適切なものはどれか。

イ　寄棟

ロ　切妻

ハ　入母屋

ニ　方形

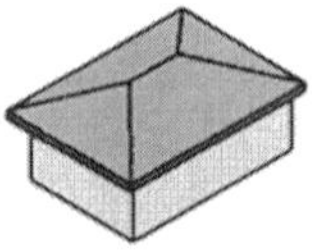

13　日本産業規格(JIS)によれば、製図において、細い破線で表すものはどれか。

イ　外形線

ロ　中心線

ハ　かくれ線

ニ　寸法線

14　オームの法則によれば、電圧Eを求める計算式として、適切なものはどれか。ただし、下式において、Iは電流、Rは抵抗とする。

イ　$E=R\div I$

ロ　$E=R\times I$

ハ　$E=R\div I^2$

ニ　$E=R\times I^2$

15　6極の三相誘導電動機を電源周波数50Hzで運転するときの回転数として、適切なものはどれか。ただし、すべりは無視するものとする。

イ　300 rpm

ロ　600 rpm

ハ　1000 rpm

ニ　1500 rpm

16　文中の(　　)内に当てはまる数値として、正しいものはどれか。

労働安全衛生法関係法令によれば、研削といしについては、その日の作業を開始する前に、(　　)分間以上試運転をしなければならない。

イ　1

ロ　2

ハ　3

ニ　4

17　合金に関する一般的な記述として、適切でないものはどれか。

イ　はんだは、鉛と亜鉛の合金である。

ロ　ステンレス鋼は、ニッケルやクロムを含み、炭素の含有量が少ない合金鋼である。

ハ　黄銅は、銅と亜鉛の合金である。

ニ　丹銅は、銅と亜鉛の合金である。

［B群（多肢択一法）］

18　ロール成形機に関する記述として、適切でないものはどれか。

イ　成形後の板金の断面形状により、ロールコマの大きさ、形状及び段数が異なる。

ロ　現場成形用と工場成形用がある。

ハ　断熱材が裏打ちされた鋼板は、成形できない。

ニ　ロールコマの駆動は、一般に、電動モータの駆動力をチェーンで各ロールコマに伝達する方式で行われる。

19　手作業での板金加工における材料のひずみ取りの方法として、適切でないものはどれか。

イ　しわ寄せ

ロ　定盤ならし

ハ　きゅうすえ

ニ　打出し

20　次のうち、設計図書の意匠図に含まれないものはどれか。

イ　平面図

ロ　立面図

ハ　基礎伏図

ニ　展開図

21　鉄骨造に関する記述として、適切でないものはどれか。

イ　鉄骨の加工は、建築現場で行う。

ロ　鉄骨には、防錆《せい》処理が必要となる。

ハ　一般に、耐火被覆を行う。

ニ　代表的な構法に、ラーメン構法がある。

22　下図の波板ぶきの断面図におけるAの名称として、適切なものはどれか。

イ　枕座

ロ　亀座

ハ　丸座

ニ　平座

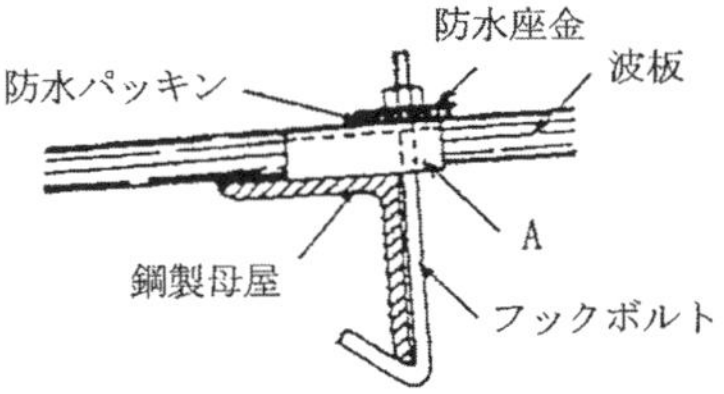

23　外壁の金属成形板張りの施工に関する記述として、適切でないものはどれか。

イ　横張り工法の場合、土台水切りは、基準墨に合わせて先付けする。

ロ　出隅部には、原則として、縦胴縁を設ける。

ハ　金属成形板の継手部において、雨水が浸入するおそれがある場合には、シーリング処理を行う。

ニ　横張り工法の場合、金属成形板は、壁の上部から取り付けていく。

［B群（多肢択一法）］

24　和風建築における鬼板の取付け場所として、適切でないものはどれか。

イ　本棟の両端

ロ　稚《ち》児《ご》棟の先端

ハ　降り棟の先端

ニ　隅木の先端

25　次の成分のシーリング材のうち、一般に、施工後に塗装を行うのに最も適していないものはどれか。

イ　シリル化アクリレート系

ロ　シリコーン系

ハ　変成シリコーン系

ニ　アクリルウレタン系

令和３年度 技能検定
２級 建築板金 学科試験問題
（内外装板金作業）

1. 試験時間　1時間40分
2. 問題数　50題(A群25題、B群25題)
3. 注意事項

（1）係員の指示があるまで、この表紙はあけないでください。

（2）答案用紙(真偽法と多肢択一法の併用)に検定職種名、作業名、級別、受検番号、氏名を必ず記入してください。

（3）係員の指示に従って、問題数を確かめてください。それらに異常がある場合は、黙って手を挙げてください。問題はA群(真偽法)とB群(多肢択一法)とに分かれています。

（4）試験開始の合図で始めてください。

（5）解答の方法(真偽法と多肢択一法の併用)は次のとおりです。

イ．A群の問題(真偽法)は、一つ一つの問題の内容が正しいか、誤っているかを判断して解答してください。

ロ．B群の問題(多肢択一法)は、正解と思うものを一つだけ選んで、解答してください。二つ以上に解答した場合は誤答となります。

ハ．答案用紙(マークシート用紙)へ解答する際は、答案用紙に記載されている注意事項に従ってください。

ニ．答案用紙の解答欄は、A群の問題とB群の問題とでは異なります。所定の解答欄に、試験問題の題数に応じて解答してください。解答欄はA群は50題まで、B群は25題まで解答できるようになっています。

（6）電子式卓上計算機その他これと同等の機能を有するものは、使用してはいけません。

（7）携帯電話、スマートフォン、ウェアラブル端末等は、使用してはいけません。

（8）試験中、質問があるときは、黙って手を挙げてください。ただし、試験問題の内容、漢字の読み方等に関する質問にはお答えできません。

（9）試験終了時刻前に解答ができあがった場合は、黙って手を挙げて、係員の指示に従ってください。

（10）試験中に手洗いに立ちたいときは、黙って手を挙げて、係員の指示に従ってください。

（11）試験終了の合図があったら、筆記用具を置き、係員の指示に従ってください。

［A群（真偽法）］

1　板金を円筒に曲げる場合、心金(ため棒)の径は、求める円筒の内径と同じにする。

2　せん断加工により切り出した板金の曲げ加工では、端部にかえり(バリ)がある方の面を内側にして曲げると、外側にして曲げた場合よりも板金に割れが発生しやすくなる。

3　次の展開図は、右の平面図及び正面図に示す切頭四角錐《すい》の側面を展開したものである。

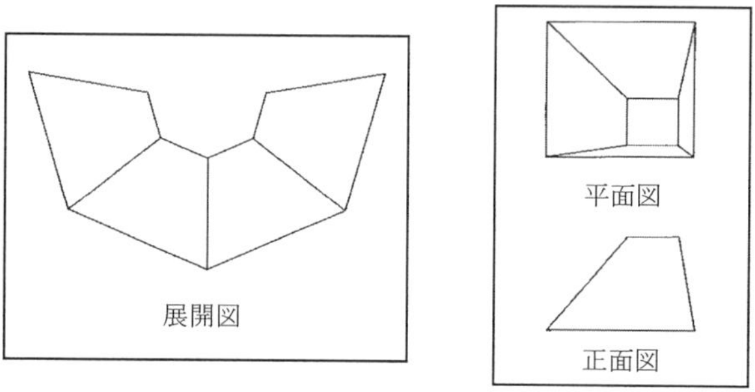

4　鋼板の曲げ加工では、一般に、曲げ線と鋼板の圧延方向が平行にならないように板取りを行うとよい。

5　アーク溶接において、溶着金属の表面に生じた過分なスラグは、溶接完了後に除去する。

6　ニブリングマシンでは、一般に、板金を曲線状に切断することはできない。

7　プレスブレーキは、一般に、寸動運転を行うことはできない。

8　油圧プレスの最大加圧力は、一般に、クランクプレスの最大加圧力よりも小さい。

9　トースカンは、定盤上に置かれた工作物に曲線をけがくのに適している。

10　弾性とは、物体が外力を受けると変形し、外力が取り除かれると元の形状に戻る性質をいう。

11　真壁造では、柱は壁の中に隠れている。

12　日本産業規格(JIS)によれば、製図において、寸法線や引出線には、一点鎖線を使用する。

［A群（真偽法）］

13　オームの法則によれば、電流は、電圧に反比例する。

14　三相誘導電動機(モータ)の運転時の回転方向は、三相電源の電線のうち任意の2線を入れ替えても変わらない。

15　労働安全衛生法関係法令によれば、研削といしの取替え時の試運転の業務は、特別教育を必要とする業務である。

16　真ちゅうは、銅とすずの合金である。

17　下図の当て盤は、板金加工におけるひずみ取りやならしに使用する。

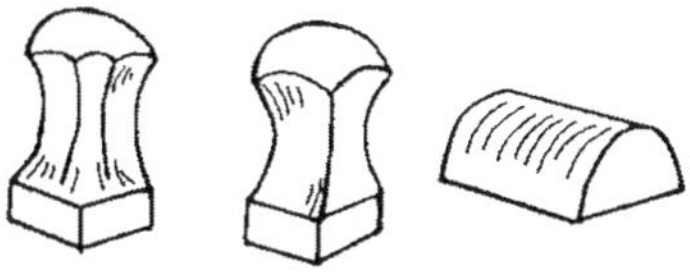

にぎり　角　形　かめの子

18　下図の一文字ぶき用ふき板に設けられたはぜは、つかみ込みはぜである。

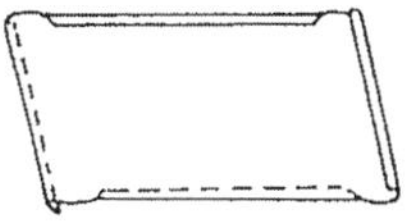

19　建築工事の工程表は、工事の施工順序や所要時間等を表したものであり、表示方法には、バーチャート式やネットワーク式などがある。

20　組積造は、一般に、鉛直方向の荷重には強いが、水平方向の荷重には弱い。

21　一文字ぶきで屋根材をふくのに適した屋根勾配は、一般に、5／100程度である。

22　冬期に軒どい工事をする場合、軒どい間の伸縮箇所の間隔は、夏期に工事をするときよりも小さめにするとよい。

23　和風建築において、隅木の先端に銅板を取り付ける目的には、隅木の腐食防止や装飾がある。

24　屋根裏に換気口を設置することは、屋根裏における結露の防止に有効である。

25　つり足場は、本足場の一種である。

［B群（多肢択一法）］

1　直刃せん断機による板金の切断加工において、せん断機の刃部のクリアランスを適正値よりも小さくした場合の板金の切り口の状態に関する記述として、適切でないものはどれか。

イ　二次せん断面が生じる。

ロ　かえりが大きくなる。

ハ　破断面が狭くなる。

ニ　だれが小さくなる。

2　次のうち、板金の曲げ加工で使用しないものはどれか。

イ　ジグソー

ロ　木ハンマ

ハ　つかみばし

ニ　平口やっとこ

3　下図の四角筒の展開図として、適切なものはどれか。

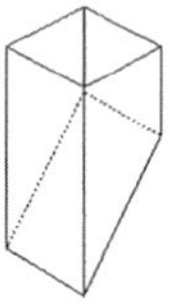

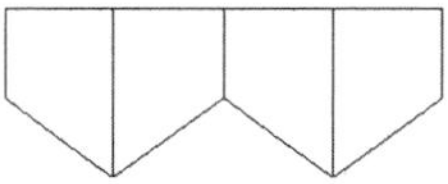

イ

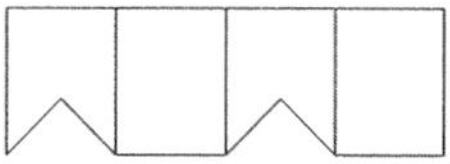

ロ

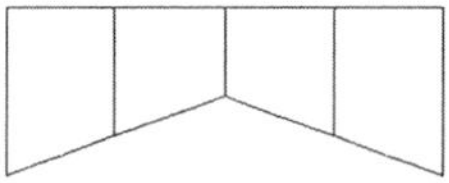

ハ

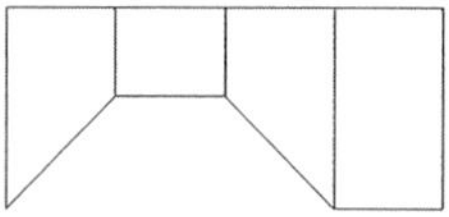

ニ

4　次のうち、板金の板取りに使用するものはどれか。

イ　はぜ起こし

ロ　かたな刃

ハ　さし金

ニ　拍子木

［B群（多肢択一法）］

5　被覆アーク溶接棒の被覆剤(フラックス)の役割として、適切でないものはどれか。

イ　アークを安定させる。

ロ　溶けた金属を保護する。

ハ　溶接金属を急冷する。

ニ　溶接金属の流れをよくする。

6　下図に示すリベットの形状とその名称の組合せとして、適切でないものはどれか。

丸リベット	角リベット	丸皿リベット	皿リベット
イ	ロ	ハ	ニ

7　ガングスリッタに関する記述として、適切なものはどれか。

イ　板材を一定幅の長尺の帯板に切断できる。

ロ　上刃と下刃との上下振動で切断する。

ハ　曲線状の切断に適している。

ニ　直刃せん断機に分類される。

8　次のうち、曲げ加工用の機械でないものはどれか。

イ　エキセン

ロ　プレスブレーキ

ハ　フォルディングマシン

ニ　コーナシャー

9　次のうち、プレス加工に含まれないものはどれか。

イ　せん断加工

ロ　曲げ加工

ハ　絞り加工

ニ　研削加工

10　次のうち、測定用工具でないものはどれか。

イ　パス

ロ　ダイヤルゲージ

ハ　ハイトゲージ

ニ　けがき針

［B群（多肢択一法）］

11　建築物に作用する荷重及び外力に関する記述として、適切なものはどれか。

イ　固定荷重は、水平方向に作用する荷重である。

ロ　積載荷重は、床に作用する人や物体等の荷重である。

ハ　積雪荷重は、水平方向に作用する荷重である。

ニ　風圧力は、建築物の高さによらず一定である。

12　建築構造に関する記述として、適切でないものはどれか。

イ　S造とは、鉄骨造のことである。

ロ　RC造とは、鉄筋コンクリート造のことである。

ハ　SRC造とは、補強コンクリートブロック造のことである。

ニ　W造とは、木造のことである。

13　日本産業規格(JIS)の建築製図通則によれば、次の平面表示記号が表すものはどれか。

イ　出入口一般

ロ　引違い戸

ハ　引違い窓

ニ　シャッター

14　文中の(　　)内に当てはまる語句の組合せとして、適切なものはどれか。

導線の電気抵抗は、導体の長さに(①)し、その断面積に(②)する。

	①	②
イ	比例	比例
ロ	反比例	反比例
ハ	反比例	比例
ニ	比例	反比例

15　三相誘導電動機(モータ)が始動しない原因とならないものはどれか。

イ　電動機に過負荷がかかっている。

ロ　すべてのヒューズが断線している。

ハ　電磁開閉器のサーマルリレーが働いている。

ニ　逆転運転の配線になっている。

16　文中の(　　)内に当てはまる数値として、適切なものはどれか。

労働安全衛生法関係法令によれば、脚立は、脚と水平面との角度を(　　)度以下とし、かつ、折りたたみ式のものにあっては、脚と水平面との角度を確実に保つための金具等を備えることとされている。

イ　55

ロ　65

ハ　75

ニ　85

［B群（多肢択一法）］

17　一般に、磁石が付かないステンレス鋼はどれか。

イ　SUS430

ロ　SUS316

ハ　SUS420J2

ニ　SUS410

18　ロール成形機に関する記述として、適切なものはどれか。

イ　ロール成形機は、成形後の板金の断面形状により、ロールコマの大きさ、形状及び段数が異なる。

ロ　ロールコマの段数が多いほど、成形に無理が生じる。

ハ　薄い断熱材が裏打ちされた板金は、成形できない。

ニ　ロール成形機のロールコマの駆動方式は、モーター直結式が多い。

19　はんだ付け用溶剤として、一般に、使用しないものはどれか。

イ　塩酸

ロ　濃硫酸

ハ　松やに(樹脂)

ニ　塩化亜鉛

20　次のうち、屋根工事を始める前に施工監理者に提出する必要がない書類はどれか。

イ　施工保証書

ロ　施工要領書

ハ　施工計画書

ニ　施工図

21　鉄骨造の建築物における横ぶき屋根に関する記述として、一般に、適切でないものはどれか。

イ　横ぶき材を鋼板製垂木に吊子で固定した。

ロ　ふき板の継手を千鳥に配置した。

ハ　横ぶき材をタイトフレームに直接固定した。

ニ　唐草を下地の垂木間隔に合わせてタッピンねじで垂木に固定した。

22　下図の屋根形状のうち、入母屋はどれか。

イ　　　ロ　　　ハ　　　ニ

［B群（多肢択一法）］

23　外壁の金属成形板張りの施工に関する記述として、適切でないものはどれか。

イ　横張り工法の場合、土台水切りは、基準墨に合わせて先付けする。

ロ　開口部回りの水切りは、全て後付けとする。

ハ　金属成形板の継手部において、雨水が浸入するおそれがある場合には、シーリング材を施す。

ニ　切欠きした金属成形板は、腰折れするおそれがあるので、注意して運ぶ。

24　下図に示す戸袋の鏡板における化粧ばりの模様の名称はどれか。

イ　笹の葉

ロ　網代

ハ　亀甲

ニ　麻の葉

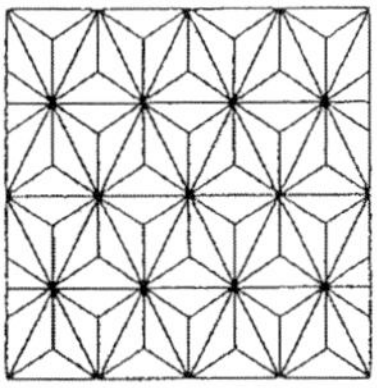

25　鉄骨造の建築物への心木なし瓦棒ぶきの施工において、事前に躯体の鉄骨業者との打合せが必要な箇所はどこか。

イ　母屋の間隔

ロ　胴縁の間隔

ハ　柱の間隔

ニ　梁の間隔

令和２年度 技能検定
２級 建築板金 学科試験問題
（内外装板金作業）

1. 試験時間　1時間40分
2. 問題数　50題(A群25題、B群25題)
3. 注意事項

（1） 係員の指示があるまで、この表紙はあけないでください。

（2） 答案用紙(真偽法と多肢択一法の併用)に検定職種名、作業名、級別、受検番号、氏名を必ず記入してください。

（3） 係員の指示に従って、問題数を確かめてください。それらに異常がある場合は、黙って手を挙げてください。問題はA群(真偽法)とB群(多肢択一法)とに分かれています。

（4） 試験開始の合図で始めてください。

（5） 解答の方法(真偽法と多肢択一法の併用)は次のとおりです。

イ． A群の問題(真偽法)は、一つ一つの問題の内容が正しいか、誤っているかを判断して解答してください。

ロ． B群の問題(多肢択一法)は、正解と思うものを一つだけ選んで、解答してください。二つ以上に解答した場合は誤答となります。

ハ． 答案用紙(マークシート用紙)へ解答する際は、答案用紙に記載されている注意事項に従ってください。

ニ． 答案用紙の解答欄は、A群の問題とB群の問題とでは異なります。所定の解答欄に、試験問題の題数に応じて解答してください。解答欄はA群は50題まで、B群は25題まで解答できるようになっています。

（6） 電子式卓上計算機その他これと同等の機能を有するものは、使用してはいけません。

（7） 携帯電話、スマートフォン、ウェアラブル端末等は、使用してはいけません。

（8） 試験中、質問があるときは、黙って手を挙げてください。ただし、試験問題の内容、漢字の読み方等に関する質問にはお答えできません。

（9） 試験終了時刻前に解答ができあがった場合は、黙って手を挙げて、係員の指示に従ってください。

（10） 試験中に手洗いに立ちたいときは、黙って手を挙げて、係員の指示に従ってください。

（11） 試験終了の合図があったら、筆記用具を置き、係員の指示に従ってください。

［A群（真偽法)］

1　円筒深絞りの製品の上部は、一般に、素材板厚よりも厚くなる。

2　同じ材質の場合、板金の最小曲げ半径は、板厚が厚くなるほど小さくなる。

3　頂角が60°の直円錐《すい》における側面の展開図は、半円になる。

4　鋼板を小さい曲げ半径で鋭く曲げる場合は、中立線の移動量を考えて板取りするとよい。

5　鋳鉄やステンレス鋼の切断には、酸素アセチレンガス切断が適している。

6　ニブリングマシンでは、切断や成形加工ができる。

7　成形ロール機は、短尺材の加工に適している。

8　油圧プレスの最大加圧力は、一般に、クランクプレスよりも大きい。

9　ノギスのデプスバーは、溝の深さを測定するのに使用する。

10　下図のような片持ばりに荷重Pが加わるとき、はりに生じる最大曲げモーメントは、点Bに生じる。

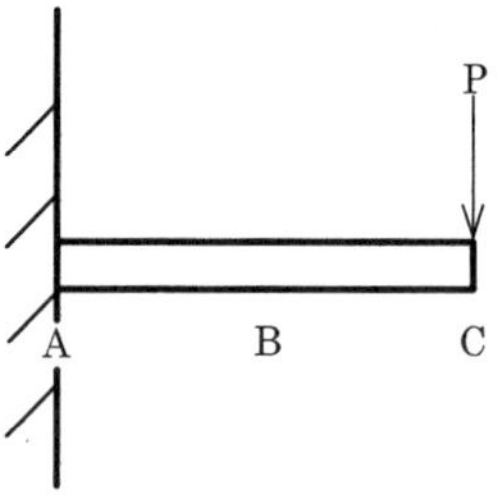

11　鉄筋コンクリート造では、主として、コンクリートが引張り力を、鉄筋が圧縮力を負担している。

12　日本産業規格(JIS)によれば、図形の中心を表すための中心線には、細い二点鎖線を使用する。

13　電圧の単位記号は、Ω(オーム)である。

［A群（真偽法）］

14　三相誘導電動機(モータ)の回転方向は、三相電源のうち任意の2線を入れかえることによって逆にすることができる。

15　労働安全衛生法関係法令によれば、脚立を使用する場合、脚立の脚と水平面との角度は、75°以下とする。

16　真ちゅうは、銅と亜鉛の合金である。

17　ぼうず床を使用して絞り作業を行う場合は、材料の中心部から外周部に向かって同心円状に加工する。

18　下図は、ピッツバーグはぜである。

19　施工図を作成する場合は、設計図書を考慮する必要はない。

20　大壁造は、柱が壁の中に隠れる構造である。

21　屋根の下葺き材には、防水性能を有し、屋根材を腐食させないものを選定する。

22　集水器(集水ます)は、一般に、たてどいとたてどいの接続に使用される。

23　銅板の飾り金物の製作品は、薬品を使用して人工着色することがある。

24　建築材料は、一般に、熱伝導率が低いほど断熱性が低い。

25　労働安全衛生法関係法令によれば、単管足場用鋼管規格に適合する鋼管を用いた単管足場における建地間の積載荷重は、400kgを限度とすることとされている。

［B群（多肢択一法)］

1　スプリングバックに関する記述として、適切なものはどれか。
　イ　曲げ加工後、曲げ角度が少し戻る現象をいう。
　ロ　焼きなましをすると、スプリングバック量は増大する。
　ハ　ばねの名称の一つである。
　ニ　曲げ加工における割れの現象をいう。

2　文中の(　　)内に当てはまる語句として、最も適切なものはどれか。
　曲げ半径が小さい曲げ加工における中立面は、(　　)のことである。
　イ　板厚の中央の面
　ロ　伸びや縮みの生じない面
　ハ　板厚の内側の面
　ニ　板厚の外側の面

3　円錐《すい》の斜面上に中心軸が平行な角筒を重ねたとき、角筒の展開図として、適切なものはどれか。

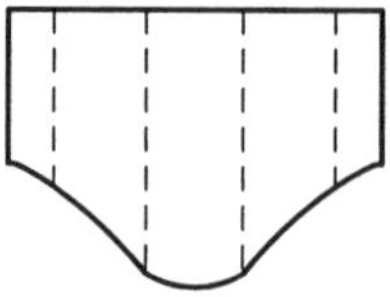

イ

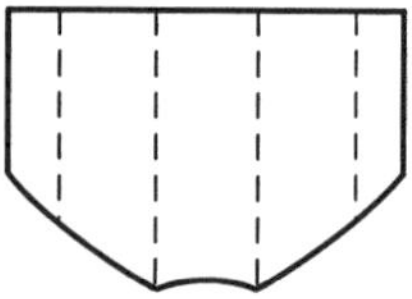

ロ

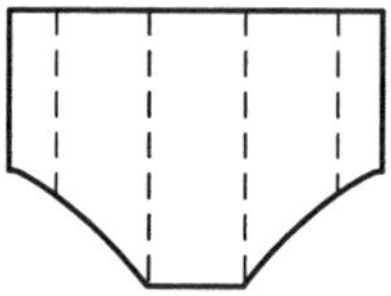

ハ

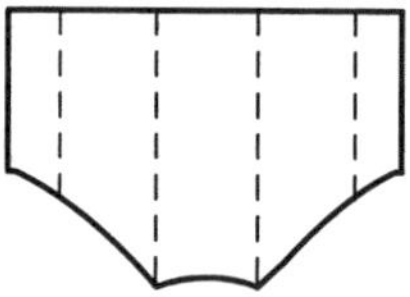

ニ

4　各種材料にけがき針でけがき線を引く要領として、適切でないものはどれか。
　イ　硬質材の場合は、強くけがく。
　ロ　軟質材の場合は、軽くけがく。
　ハ　銅板は、軽くけがく。
　ニ　アルミニウム板は、強くけがく。

5　溶接における欠陥の名称として、適切でないものはどれか。
　イ　オーバラップ
　ロ　アンダカット
　ハ　ダイス
　ニ　ピット

［B群（多肢択一法）］

6　リベットの種類別の長さLにおける表示の組合せとして、適切なものはどれか。

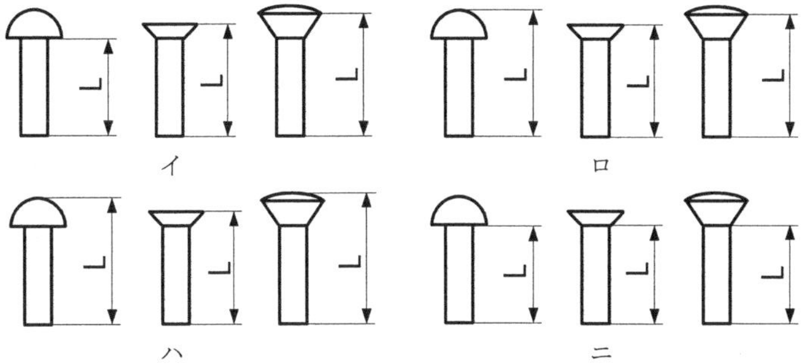

7　コイル状の鉄板を複数の帯状に同時に切断できる機械として、適切なものはどれか。
　イ　ロータリーシャー
　ロ　ニブリングマシン
　ハ　ガングスリッタ
　ニ　ギャップシャー

8　次のうち、曲げ加工用機械でないものはどれか。
　イ　万能折曲げ機
　ロ　プレスブレーキ
　ハ　3本ロール機
　ニ　コーナーシャー

9　下図のプレス加工の図と名称の組合せとして、適切でないものはどれか。

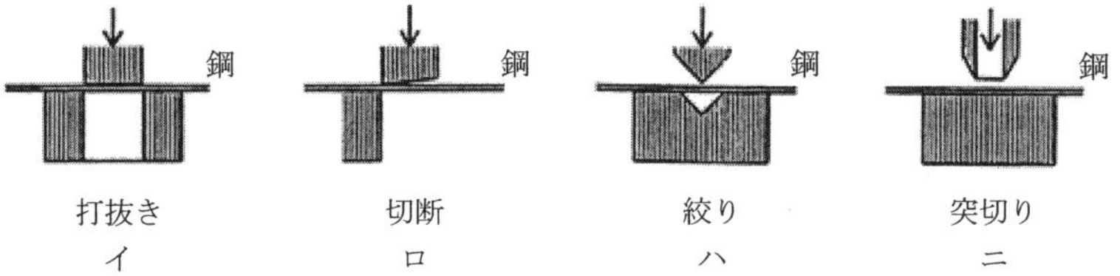

10　次のうち、研削工具でないものはどれか。
　イ　サンダ
　ロ　ディスクグラインダ
　ハ　ハンドシャー
　ニ　ベルトサンダ

［B群（多肢択一法）］

11　文中の(　　)内に当てはまる語句として、適切なものはどれか。

材料に外力を加えて変形させた後、外力を取り除いたとき、変形が元に戻らずに残留変形が生じることを(　　)という。

イ　ひずみ
ロ　応力
ハ　弾性
ニ　塑性

12　下図の屋根の名称として、適切なものはどれか。

イ　寄棟
ロ　方形
ハ　入母屋
ニ　切妻

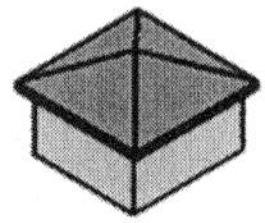

13　日本産業規格(JIS)によれば、細い実線を使用しないものはどれか。

イ　寸法補助線
ロ　寸法線
ハ　ハッチング
ニ　かくれ線

14　直流回路の電力を求める式として、適切なものはどれか。

イ　電力＝電流×電圧
ロ　電力＝電流×時間
ハ　電力＝電流×抵抗
ニ　電力＝電圧×抵抗

15　一般的な配線用遮断器の定格電流が30A以下の場合、定格電流の200%の電流が流れたときの動作時間として、適切なものはどれか。

イ　2分以内
ロ　4分以内
ハ　6分以内
ニ　8分以内

［B群（多肢択一法）］

16　文中の(　　)内に当てはまる数値として、正しいものはどれか。

労働安全衛生法関係法令によれば、事業者は、(　　)m以上の高所から物体を投下するときは、適当な投下設備を設け、監視人を置く等労働者の危険を防止するための措置を講じなければならない。

イ　2
ロ　3
ハ　4
ニ　5

17　次の建築材料のうち、不燃材料はどれか。

イ　木毛セメント板
ロ　ガラス
ハ　ポリカーボネート板
ニ　耐水合板

18　次の切断機のうち、曲線の切断に適しているものはどれか。

イ　スケヤシャー
ロ　ギャップシャー
ハ　ロータリーシャー
ニ　スリッタ

19　次のうち、はぜを組まない屋根工法はどれか。

イ　立平葺き
ロ　心木なし瓦棒葺き
ハ　一文字葺き
ニ　波板(小波)葺き

20　屋根工事の着工前において、現場管理者に提出する書類として、一般に、必要でないものはどれか。

イ　施工要領書
ロ　安全衛生関係書類
ハ　施工保証書
ニ　施工図

21　鉄骨造に関する記述として、適切でないものはどれか。

イ　鋼材は、錆《さ》びやすいので防錆《せい》処理を施す。
ロ　鋼材は、1000℃の状態でも強度は変わらない。
ハ　鋼材は、日本産業規格(JIS)によって厚さの規格が定められている。
ニ　鉄骨造の屋根下地には、一般に、母屋が必要である。

［Ｂ群（多肢択一法）］

22　屋根勾配3/100に適した金属屋根はどれか。

イ　折板葺き屋根

ロ　横葺き屋根

ハ　金属瓦葺き屋根

ニ　波板葺き屋根

23　金属成形板張りにおいて、外壁下地に910mm×1820mmのせっこうボードを併用する場合、胴縁の取付け間隔として、適切でないものはどれか。

イ　455mm

ロ　606mm

ハ　910mm

ニ　1200mm

24　下図の屋根における名称のうち、適切でないものはどれか。

イ　駒額《こまびたい》

ロ　鳥衾《とりぶすま》

ハ　かつお木

ニ　みの甲

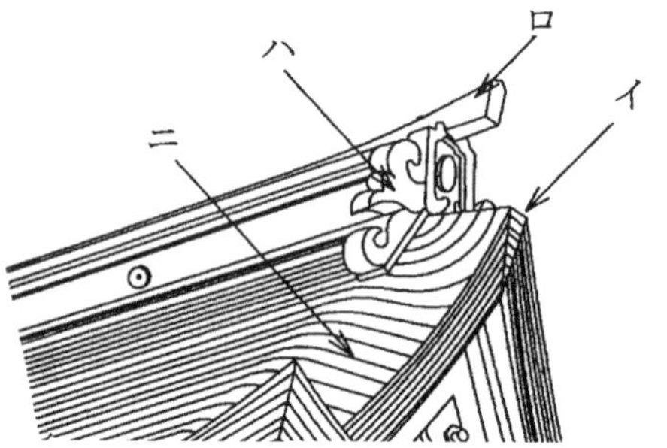

25　次のシーリング材のうち、塗装に最も適さないものはどれか。

イ　ポリサルファイド系

ロ　シリコーン系

ハ　変成シリコーン系

ニ　ポリウレタン系

令和４年度 技能検定
１級 建築板金 学科試験問題
（内外装板金作業）

1. 試験時間　１時間 40 分
2. 問題数　50 題(A 群 25 題、B 群 25 題)
3. 注意事項

（１） 係員の指示があるまで、この表紙はあけないでください。

（２） 答案用紙(真偽法と多肢択一法の併用)に検定職種名、作業名、級別、受検番号、氏名を必ず記入してください。

（３） 係員の指示に従って、問題数を確かめてください。それらに異常がある場合は、黙って手を挙げてください。問題は A 群(真偽法)と B 群(多肢択一法)とに分かれています。

（４） 試験開始の合図で始めてください。

（５） 解答の方法(真偽法と多肢択一法の併用)は次のとおりです。

イ．　A 群の問題(真偽法)は、一つ一つの問題の内容が正しいか、誤っているかを判断して解答してください。

ロ．　B 群の問題(多肢択一法)は、正解と思うものを一つだけ選んで、解答してください。二つ以上に解答した場合は誤答となります。

ハ．　答案用紙(マークシート用紙)へ解答する際は、答案用紙に記載されている注意事項に従ってください。

ニ．　答案用紙の解答欄は、A 群の問題と B 群の問題とでは異なります。所定の解答欄に、試験問題の題数に応じて解答してください。解答欄は A 群は 50 題まで、B 群は 25 題まで解答できるようになっています。

（６） 電子式卓上計算機その他これと同等の機能を有するものは、使用してはいけません。

（７） 携帯電話、スマートフォン、ウェアラブル端末等は、使用してはいけません。

（８） 試験中、質問があるときは、黙って手を挙げてください。ただし、試験問題の内容、漢字の読み方等に関する質問にはお答えできません。

（９） 試験終了時刻前に解答ができあがった場合は、黙って手を挙げて、係員の指示に従ってください。

(10) 試験中に手洗いに立ちたいときは、黙って手を挙げて、係員の指示に従ってください。

(11) 試験終了の合図があったら、筆記用具を置き、係員の指示に従ってください。

［A群（真偽法）］

1　材質及び板厚が同じ板金を曲げ加工する場合、加工後のスプリングバック量は、一般に、曲げ半径が大きいほど大きくなる。

2　板金の曲げ加工において、一般に、板金の曲げ半径が板厚の5倍以下になると、加工後の板金の中立面(中立軸)は、曲げの内側へ移動する。

3　下図は、下端が斜めにカットされた形状の四角筒の概略的な投影図と展開図であるが、展開図における角度βは、投影図における角度αよりも大きくなる。

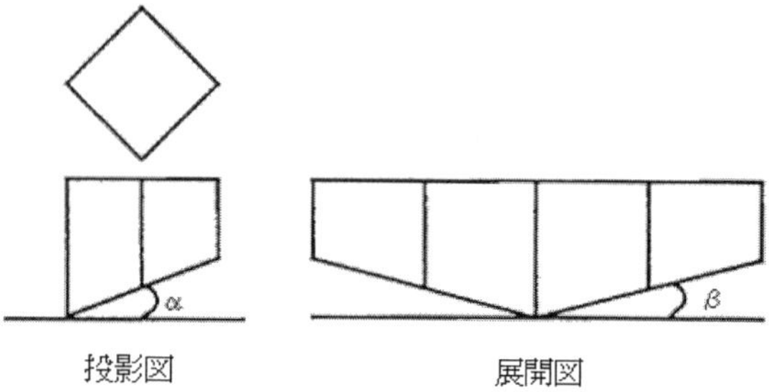

4　一辺が910mmの正方形の板からは、底辺が1200mmで高さが600mmの直角二等辺三角形の板を2枚取ることができる。

5　アーク溶接において、クレータとは、溶接金属が十分に母材に融合せず、ビードの縁が母材に重なった状態となっている欠陥をいう。

6　ボルト締めにおけるダブルナットの目的は、振動等によるナットの緩みを防止することである。

7　ガングスリッタは、上下に動く刃により切欠きを行いながら板金を切断する機械である。

8　曲げロール機には、2本のロールで板金を曲げ加工するものがある。

9　クランクプレスでは、一般に、板金の絞り加工はできない。

10　溝たがねは、板金を直線に切断するのに使用する。

11　永久ひずみとは、材料に弾性限度を超える荷重を加えた場合に生じるひずみをいう。

12　建築物における筋かいは、主として、建築物に加えられる水平方向の荷重に抵抗する。

［A群（真偽法）］

13　日本産業規格(JIS)によれば、製図において、想像線は細い二点鎖線で表す。

14　2Ωと6Ωの抵抗を並列に接続した場合の合成抵抗は、1.5Ωである。

15　三相誘導電動機は、運転時の電源の周波数が50Hzの場合と60Hzの場合で回転数が異なる。

16　労働安全衛生法関係法令によれば、事業者は、高さが2m以上の作業床の端、開口部等で墜落により労働者に危険を及ぼすおそれのある箇所には、原則として、囲い、手すり、覆い等を設けなければならない。

17　黄銅は、銅とすずの合金である。

18　ウォータージェット切断機には、材料を切断するときに粉塵《じん》が発生しない等の特徴がある。

19　アルミニウム合金や軟鋼の板材は、へら絞り加工には適していない。

20　バーチャート式工程表は、ネットワーク式工程表よりも関連工事との状況が分かりやすい。

21　反り屋根(てり屋根)は、軒先に近くなるほど勾配が緩やかになる。

22　谷どいの落口には、一般に、防塵《じん》網を設けない方がよい。

23　谷どいの板厚は、一般に、屋根材の板厚よりも薄い方がよい。

24　和風建築において、鬼板とは、隅木の先端に取り付けられる飾り金物をいう。

25　軽量気泡コンクリートパネル(ALCパネル)は、間仕切り壁にも使用する。

［B群（多肢択一法）］

1　せん断加工により切り出した鋼板を最小曲げ半径に近い曲げ半径で曲げる場合、鋼板の割れ防止対策として、適切でないものはどれか。

イ　曲げ半径が最小曲げ半径よりも小さくならないようにする。

ロ　曲げ線が鋼板の圧延方向と平行にならないようにする。

ハ　直角に2方向の曲げを行う場合は、双方の曲げ線が交わる箇所に割止め孔をあける。

ニ　鋼板は、端部にかえり(バリ)がある方の面を外側にして曲げる。

2　下図に示す斜円錐《すい》形の製品を板金加工により作る場合の展開図法として、最も適切なものはどれか。

イ　三角形法

ロ　三角形法と放射線法の併用

ハ　平行線法

ニ　三角形法と平行線法の併用

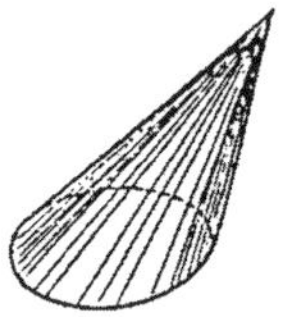

3　図Aに示す長さLの鋼板を長さ方向の中央付近で90°折り曲げた場合、図Bに示す断面形状となり、折曲げ後の当該長さ方向の寸法A＋Bは、L＋2mmに等しくなるものとする。同じ条件で、図Aの鋼板を図Cに示す断面形状及び各部寸法となるように長さ方向の途中4箇所を90°折り曲げる場合、鋼板の長さL(板取り寸法)として、適切なものはどれか。ただし、鋼板の厚さは考えないものとする。

イ　$L=2\times(c+d)+e-8\mathrm{mm}$

ロ　$L=2\times(c+d)+e-6\mathrm{mm}$

ハ　$L=2\times(c+d)+e-4\mathrm{mm}$

ニ　$L=2\times(c+d)+e-2\mathrm{mm}$

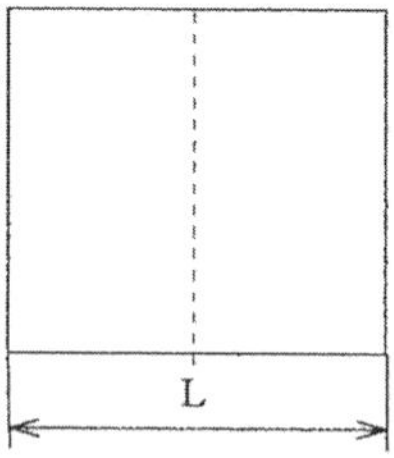

<図A>

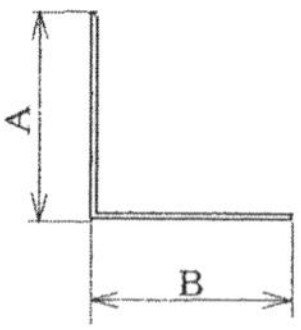

<図B>

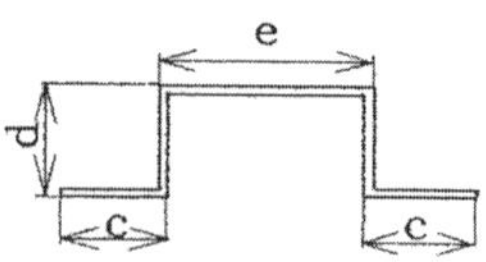

<図C>

4　被覆アーク溶接棒の被覆剤(フラックス)の役割に関する記述として、適切でないものはどれか。

イ　溶けた金属を保護する。

ロ　溶接金属を流れやすくする。

ハ　溶接金属に必要な元素を添加する。

ニ　溶接金属の急冷を促す。

［B群（多肢択一法）］

5　リベット締めに関する記述として、適切でないものはどれか。

イ　リベットの長さは、接合する板材の厚さと同じにする。

ロ　リベットの太さは、接合する板材の厚さによって決める。

ハ　リベットの材質には、軟鋼、銅、アルミニウム等がある。

ニ　リベット継手には、重ね継手と突合せ継手がある。

6　スケヤシャーのシャー角に関する記述として、適切でないものはどれか。

イ　シャー角を大きくしても、切断した板材に曲がりが生じる原因とはならない。

ロ　上刃にシャー角を付ける目的は、板材を切断するときに必要な力を小さくするためである。

ハ　厚板を切断するときは、薄板を切断するときよりもシャー角を大きくする方がよい。

ニ　シャー角を大きくすると、切断した板材に生じるねじれが大きくなる。

7　クランク式プレスブレーキの構造に関する記述として、適切でないものはどれか。

イ　フライホイールの回転エネルギーを利用して加工を行う。

ロ　クランク軸が下死点に近いほど、大きな加圧力を発生させることができる。

ハ　加工時には、下型が上昇する。

ニ　穴あけ等の加工にも適している。

8　機械プレスと比較した油圧プレスの特徴として、適切でないものはどれか。

イ　生産(加工)速度が遅い。

ロ　最大加圧力が大きい。

ハ　ストロークを長くできない。

ニ　加圧力の調整が容易にできる。

9　ディスクグラインダで研削を行う場合、被研削面に対する研削といしの角度として、適切なものはどれか。

イ　5～10°

ロ　20～30°

ハ　40～50°

ニ　50～65°

10　丸パンチで鋼板に穴あけをする場合、丸パンチの抜き荷重Pの計算式として、適切なものはどれか。

イ　P＝丸パンチの周長×鋼板の板厚×鋼板のせん断強さ

ロ　P＝丸パンチの径を直径とする円の面積×鋼板の板厚×鋼板のせん断強さ

ハ　P＝丸パンチの周長×鋼板の板厚×鋼板の圧縮強さ

ニ　P＝丸パンチの径を直径とする円の面積×鋼板の板厚×鋼板の圧縮強さ

［B群（多肢択一法）］

11　小屋組みに関する記述として、適切でないものはどれか。

イ　和小屋は、小屋づかを立てて母屋を支える。
ロ　洋小屋は、各部材をトラスに組んで荷重に耐える。
ハ　和小屋の小屋づかは、水平荷重を梁に伝える。
ニ　洋小屋の小屋づかには、真づかや吊づか等がある。

12　日本産業規格(JIS)の建築製図通則によれば、材料構造表示記号とその表示事項の組合せとして、誤っているものはどれか。

	表示記号	表示事項
イ	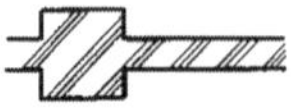	コンクリート及び鉄筋コンクリート
ロ		普通ブロック
ハ		軽量壁一般
ニ		木材及び木造壁(化粧材)

13　導線に100Vの電圧をかけたときに10Aの電流が流れた場合、この導線の電気抵抗として、適切なものはどれか。

イ　1Ω
ロ　10Ω
ハ　100Ω
ニ　1000Ω

14　下図のうち、ねじ締めによる機械器具への電線の接続状態として、適切なものはどれか。ただし、ねじは右ねじとする。

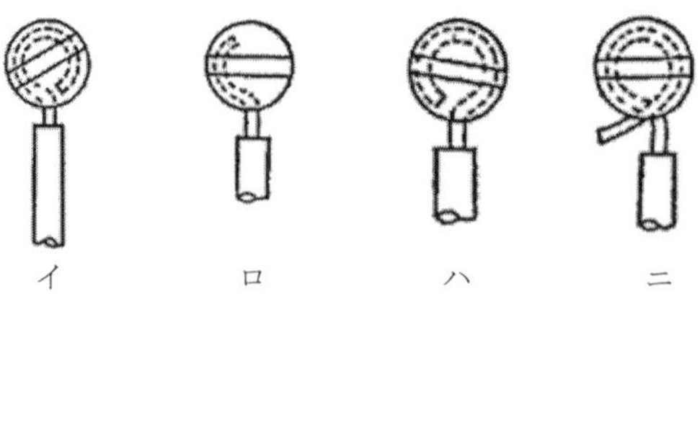

イ　　ロ　　ハ　　ニ

［B群（多肢択一法）］

15　文中の(　　)内に当てはまる数値の組合せとして、正しいものはどれか。

労働安全衛生法関係法令によれば、事業者は、研削といしについては、その日の作業を開始する前には(①)分間以上、研削といしを取り替えたときには(②)分間以上試運転をしなければならない。

	①	②
イ	1	3
ロ	2	4
ハ	3	6
ニ	4	8

16　鋼材の熱処理に関する記述として、適切でないものはどれか。

イ　焼ならしは、鋼材を一定の温度に上げた後、空中放冷により冷却する。

ロ　焼戻しは、焼入れした鋼材を一定の温度に上げた後、適切な温度で冷却する。

ハ　焼なましは、鋼材を一定の温度に上げた後、水をかけて急冷する。

ニ　焼入れは、鋼材を一定の温度に上げた後、水や油などの焼入れ液に入れて急冷する。

17　屋根用ロール成形機に関する記述として、適切でないものはどれか。

イ　ロールコマの駆動は、一般に、電動モータの駆動力をチェーンでロールコマに伝達する方式で行われる。

ロ　断面形状が異なる屋根材も同じロールコマで成形することができる。

ハ　一般に、ロールコマの段数が多いほど、成形時に屋根材に生じるひずみを少なくすることができる。

ニ　長い屋根材は、工事現場で成形作業を行うことがある。

18　はんだ及びはんだ付けに関する記述として、適切でないものはどれか。

イ　はんだ付けによる接合は、接合部の隙間が大きいほど接合力が高くなる。

ロ　はんだは、すずと鉛の合金である。

ハ　はんだの最低溶融温度は、約182℃である。

ニ　溶融亜鉛めっき鋼板のはんだ付けでは、溶剤として、希塩酸を用いることがある。

19　次のうち、施工要領書に記載しない項目はどれか。

イ　工事請負代金

ロ　工事概要

ハ　工程表

ニ　検査方法

［B群（多肢択一法）］

20　文中の(　　)内に当てはまる語句の組合せとして、適切なものはどれか。

鉄筋コンクリート造は、略して(①)といい、主として、コンクリートが(②)力に抵抗し、鉄筋が(③)力に抵抗する構造である。

	①	②	③
イ	RC造	圧縮	引張
ロ	RC造	引張	圧縮
ハ	SRC造	圧縮	引張
ニ	SRC造	引張	圧縮

21　折板屋根に関する記述として、適切でないものはどれか。

イ　折板相互の接合方法には、一般に、重ね形、はぜ締め形及びかん合形がある。

ロ　折板屋根の長さ方向には、原則として、継手を設けない。

ハ　折板に用いる鋼板の板厚は、一般に、0.4mmとされている。

ニ　梁と折板との固定には、一般に、タイトフレームを用いる。

22　谷どいの施工に関する記述として、適切でないものはどれか。

イ　谷どいの勾配は、納まり上、許される範囲でできるだけ大きくするとよい。

ロ　谷どいの材料は、耐久性、耐食性などを考慮して選定する。

ハ　谷どいの継手は、一般に、分水点間以外の箇所に設ける。

ニ　谷どいに接する屋根の軒先部は、雨水のはね返りによる水の浸入に注意する。

23　シーリング工事において、一般に、補助材料として使用しないものはどれか。

イ　マスキングテープ

ロ　バックアップ材

ハ　ガムテープ

ニ　プライマー

24　次のうち、鋼板製屋根ぶき材の裏面に結露が生じることによって起こる可能性が最も高いものはどれか。

イ　屋根ぶき材に静電気が発生する。

ロ　屋根ぶき材の裏面に腐食が生じる。

ハ　屋根ぶき材の裏面に熱融着されている断熱材が剥《は》がれ落ちる。

ニ　屋根ぶき材を固定している緊結ボルトが緩む。

25　足場に関する記述として、適切でないものはどれか。

イ　本足場は、主として、壁面の作業に用いられる。

ロ　くさび緊結式足場は、主として、高層住宅工事に用いられる。

ハ　棚足場は、主として、天井の作業に用いられる。

ニ　移動式足場(ローリングタワー)は、作業者を乗せて移動してはならない。

令和3年度 技能検定
1級 建築板金 学科試験問題
（内外装板金作業）

1. 試験時間　1時間40分
2. 問題数　50題(A群25題、B群25題)
3. 注意事項

（1） 係員の指示があるまで、この表紙はあけないでください。

（2） 答案用紙(真偽法と多肢択一法の併用)に検定職種名、作業名、級別、受検番号、氏名を必ず記入してください。

（3） 係員の指示に従って、問題数を確かめてください。それらに異常がある場合は、黙って手を挙げてください。問題はA群(真偽法)とB群(多肢択一法)とに分かれています。

（4） 試験開始の合図で始めてください。

（5） 解答の方法(真偽法と多肢択一法の併用)は次のとおりです。

イ. A群の問題(真偽法)は、一つ一つの問題の内容が正しいか、誤っているかを判断して解答してください。

ロ. B群の問題(多肢択一法)は、正解と思うものを一つだけ選んで、解答してください。二つ以上に解答した場合は誤答となります。

ハ. 答案用紙(マークシート用紙)へ解答する際は、答案用紙に記載されている注意事項に従ってください。

ニ. 答案用紙の解答欄は、A群の問題とB群の問題とでは異なります。所定の解答欄に、試験問題の題数に応じて解答してください。解答欄はA群は50題まで、B群は25題まで解答できるようになっています。

（6） 電子式卓上計算機その他これと同等の機能を有するものは、使用してはいけません。

（7） 携帯電話、スマートフォン、ウェアラブル端末等は、使用してはいけません。

（8） 試験中、質問があるときは、黙って手を挙げてください。ただし、試験問題の内容、漢字の読み方等に関する質問にはお答えできません。

（9） 試験終了時刻前に解答ができあがった場合は、黙って手を挙げて、係員の指示に従ってください。

（10） 試験中に手洗いに立ちたいときは、黙って手を挙げて、係員の指示に従ってください。

（11） 試験終了の合図があったら、筆記用具を置き、係員の指示に従ってください。

［A群（真偽法）］

1　板金の曲げ加工において、材質及び曲げ半径が同じであれば、加工後のスプリングバック量は、板厚が薄いほど大きくなる。

2　板金の曲げ加工において、板金の板厚に対して曲げ半径が小さくなると、加工後の板金の中立面(中立軸)は、曲げの外側へ移動する。

3　半径と高さの比が3：4である直円錐《すい》の側面の展開図における円弧の角度(扇形の中心角)は、180°である。

4　1000mm×1700mmの長方形の板からは、一辺が1100mmの正三角形の板を2枚取ることができる。

5　ガス溶接において、溶接器の火口が過熱した場合は、ガスの供給を止め、酸素のみを少量出しながら火口を水に浸して冷却するとよい。

6　リベット締めによる板金の接合は、溶接による接合よりも板金にひずみが発生しにくい。

7　スケヤシャーで板金を切断する場合、シャー角が大きいほど、切り落とされた板金のひずみは小さくなる。

8　ピンチタイプの3本ロール機は、板厚が薄い板金の曲げ加工に適している。

9　機械プレスは、一般に、油圧プレスよりも容易にストロークの長さを変更できる。

10　M形ノギスには、溝や穴等の深さを測定する機能を備えたものもある。

11　鋼板は、弾性限度を超えない荷重が繰り返し加えられても、金属疲労を生じない。

12　鉄筋コンクリート造では、主として、コンクリートが圧縮力に抵抗し、鉄筋が引張り力に抵抗する。

13　日本産業規格(JIS)の建築製図通則によれば、次の平面表示記号は、引違い戸を表す。

14　電圧が一定の場合、直流の電気回路に流れる電流の大きさは、抵抗に比例する。

15　ヒューズは、電気回路に対して並列に接続する。

［A群（真偽法）］

16　労働安全衛生法関係法令によれば、玉掛けの業務に関する安全のための特別の教育を受けた者は、つり上げ荷重が5トンのクレーンの玉掛けの業務を行うことができる。

17　建築材料の遮音性は、音源が発する音の周波数によって異なる。

18　影たがねは、手加工による板金の折り曲げには使用しない。

19　巻はぜによる板金の接合は、板金の接合部に水密性が要求される場合に利用されることがある。

20　板金工事の施工者は、工事に先立ち、設計図書に基づいて必要な施工図と施工要領書を作成する。

21　次の屋根伏図のうち、入母屋を表しているのは、図Aである。

図A

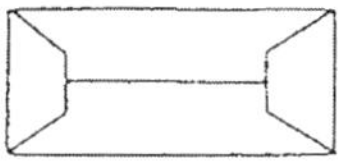

図B

22　谷どいの最小勾配は、1／100程度とする。

23　雨どいに用いられる三味胴あんこうは、胴の部分に膨《ふく》らみがついた形状となっている。

24　寺社建築等で装飾に用いられる擬宝珠《ぎぼし》は、へら絞り加工では製作することはできない。

25　鉄筋コンクリート造の建築物の屋根工事では、コンクリートスラブの上に特殊繊維入り粒状パーライトモルタルを塗布して釘《くぎ》打ち可能な野地を作ることがある。

［B群（多肢択一法）］

1　プレスブレーキでV字曲げを行う際のスプリングバックの軽減方法に関する記述として、適切でないものはどれか。

イ　上刃の先端Rが小さい型を使用する。

ロ　上刃の先端角が曲げ角度よりも2° 程度小さい型を使用する。

ハ　底突き曲げを行い、曲げ部への集中圧力を高める。

ニ　曲げ時の加圧力を弱くする。

2　右下の投影図のように四角筒が交わる円筒の展開図として、適切なものはどれか。

＜展開図＞

イ 

ロ 

ハ 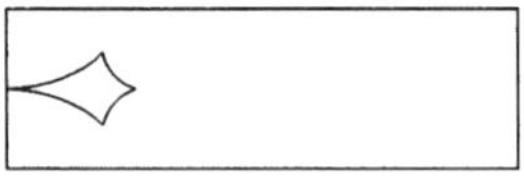

ニ 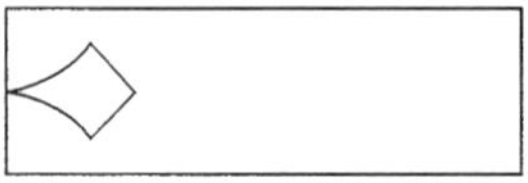

＜投影図＞

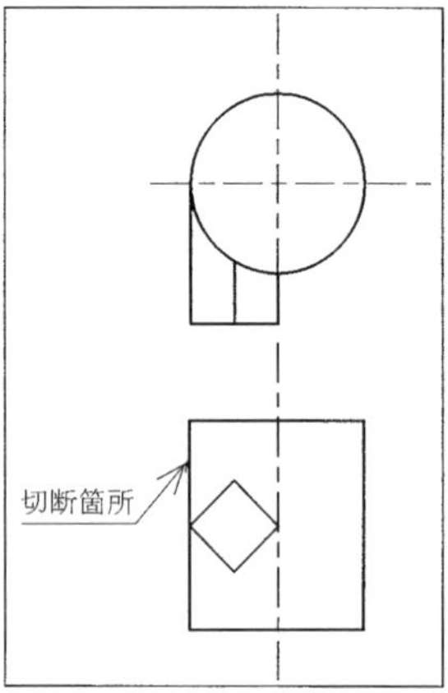

3　図Aに示す長さLの鋼板を長さ方向の中央付近で90° 折り曲げた場合、図Bに示す断面形状となり、折曲げ後の当該長さ方向の寸法A＋Bは、L＋2mmに等しくなるものとする。同じ条件で、図Aの鋼板を図Cに示す断面形状及び各部寸法となるように長さ方向の途中3箇所で90° 折り曲げる場合、鋼板の長さL(板取り寸法)として、適切なものはどれか。ただし、鋼板の厚さは考えないものとする。

イ　L＝c＋2×d＋e－8mm

ロ　L＝c＋2×d＋e－6mm

ハ　L＝c＋2×d＋e－4mm

ニ　L＝c＋2×d＋e－2mm

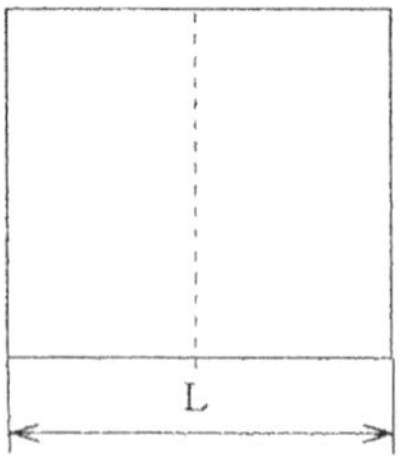

＜図A＞

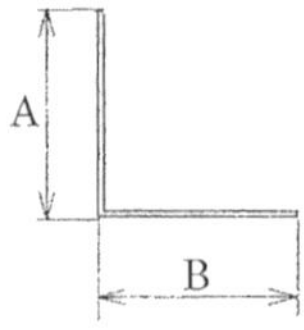

＜図B＞

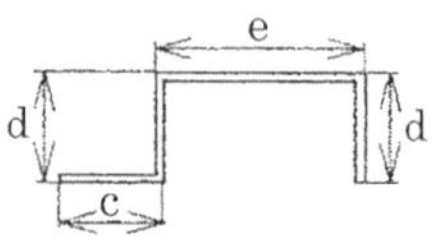

＜図C＞

［Ｂ群（多肢択一法）］

4　アセチレンガスの性質に関する記述として、適切でないものはどれか。
　イ　水素と炭素の化合物である。
　ロ　アセトンによく溶解する。
　ハ　支燃性ガスである。
　ニ　不安定なガスである。

5　リベット締めに関する記述として、適切でないものはどれか。
　イ　リベット継手には、重ね継手と突合せ継手がある。
　ロ　リベットの太さは、接合する板材の厚さによって決める。
　ハ　リベットから接合する板材の端までの距離は、一般に、リベット穴の中心からリベットの呼び径の1倍とされる。
　ニ　リベットのピッチは、リベット継手の種類によっても異なる。

6　直刃せん断機の刃部のクリアランスに関する記述として、適切でないものはどれか。
　イ　クリアランスが小さすぎると、板金に二次せん断が生じるおそれがある。
　ロ　クリアランスが小さすぎると、刃を傷めやすい。
　ハ　クリアランスが大きくなるほど、切断した板金に生じるだれやかえり(バリ)が大きくなる。
　ニ　クリアランスが大きくなるほど、板金の切断に要する力が大きくなる。

7　プレスブレーキの曲げ能力を最大加圧力以外で表す方法として、適切なものはどれか。
　イ　90°（V字形)に曲げ得る軟鋼板の最大板厚で表す。
　ロ　90°（V字形)に曲げ得る軟鋼板の最大板厚と長さで表す。
　ハ　90°（V字形)に曲げ得る軟鋼板の最大長さで表す。
　ニ　曲げ得る軟鋼板の最大板厚と曲げ角度で表す。

8　次のうち、せん断加工でないものはどれか。
　イ　ブランキング
　ロ　ピアシング
　ハ　コイニング
　ニ　ノッチング

9　板金作業に使用する工具に関する記述として、適切でないものはどれか。
　イ　電動ニブラは、板金に生じる切断ひずみが比較的少ない切断工具である。
　ロ　かたな刃は、板金を直線に切断するのに使用する。
　ハ　はぜおこしは、はぜ組みの縁曲げ不良部の修正に使用する。
　ニ　いちょうばならしは、円形板の縁折りに使用する。

［B群（多肢択一法）］

10　下図のような単純ばりに等分布荷重が加えられたときの曲げモーメント図として、適切なものはどれか。

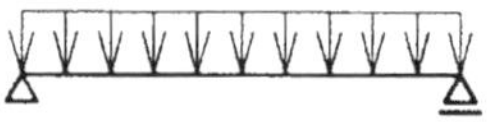

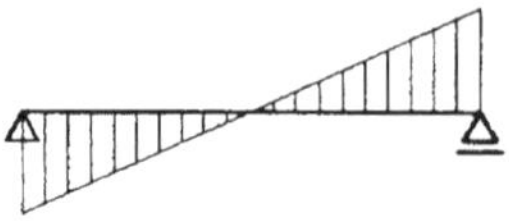

イ

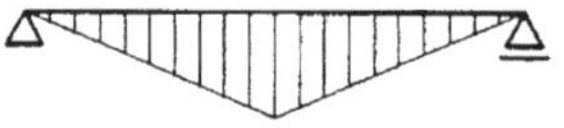

ロ

ハ

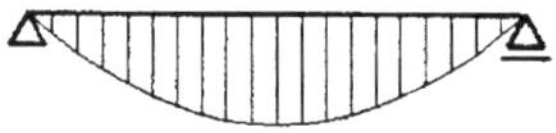

ニ

11　下図の軸組部分における部材の名称として、適切でないものはどれか。

イ　胴差し

ロ　筋かい

ハ　管柱

ニ　地回り

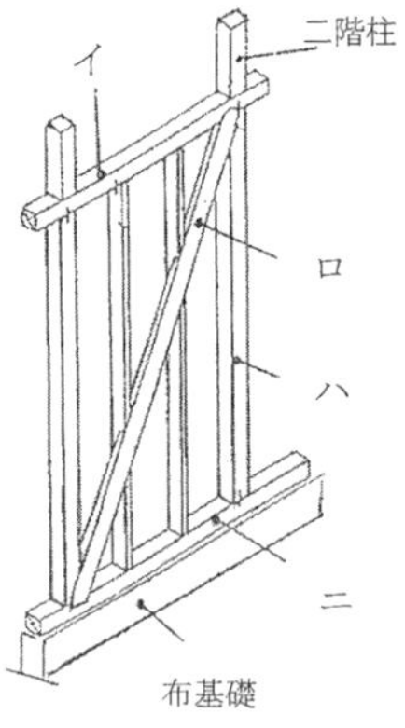

12　日本産業規格(JIS)によれば、次のうち、すみ肉溶接を表す溶接記号として、適切でないものはどれか。

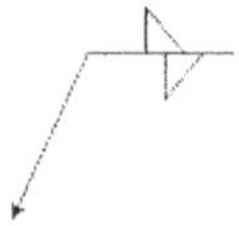

イ

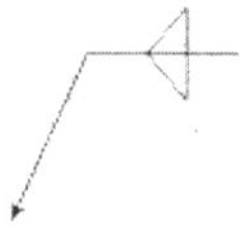

ロ

ハ

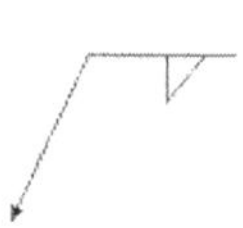

ニ

［B群（多肢択一法）］

13　下図のように電気抵抗が接続されている場合の合成抵抗値として、適切なものはどれか。

イ　15Ω
ロ　30Ω
ハ　45Ω
ニ　60Ω

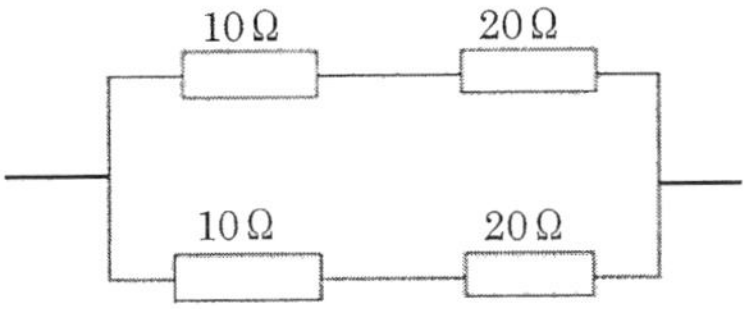

14　文中の(　　)内に当てはまる数値として、適切なものはどれか。

誘導電動機の電源の周波数を60Hzから50Hzに変えた場合、誘導電動機の1分間当たりの回転数は、約(　　)倍となる。

イ　0.8
ロ　1.2
ハ　1.5
ニ　1.7

15　文中の(　　)内に当てはまる数値として、適切なものはどれか。

労働安全衛生法関係法令によれば、対地電圧が(　　)Vを超える移動式又は可搬式の電動機械器具については、漏電による感電の危険を防止するため、原則として、当該電動機械器具が接続される電路に、当該電路の定格に適合し、感度が良好であり、かつ、確実に動作する感電防止用漏電しゃ断装置を接続しなければならないとされている。

イ　100
ロ　150
ハ　200
ニ　400

16　ステンレス鋼の種類の記号とその分類の組合せとして、適切でないものはどれか。

	種類の記号		分類
イ	SUS410	・・・・・・	マルテンサイト系
ロ	SUS430	・・・・・・	フェライト系
ハ	SUS304	・・・・・・	オーステナイト系
ニ	SUS316	・・・・・・	フェライト系

17　ロール成形機に関する記述として、適切でないものはどれか。

イ　現場成形用と工場成形用がある。
ロ　加工する成形板の断面形状により、ロールコマの大きさ、形状及び段数が異なる。
ハ　加工により成形板にひずみや傷が生じるのを防ぐには、ロールコマの段数を少なくし、1段当たりの折り曲げ角度を大きくするとよい。
ニ　めっき生地材やアルミニウム生地材を加工する場合、生地材の黒変やロールへの生地材の付着が生じることがある。

［B群（多肢択一法）］

18　絞り加工に関する記述として、適切でないものはどれか。

イ　板取りは、製品の表面積と素板(ブランク)の面積が等しいものとして行う。

ロ　絞り加工した製品は、外周部に近い箇所ほど板厚が大きくなる。

ハ　絞り加工では、打出し加工に比べて深い容器を成形するのが難しい。

ニ　絞り加工では、加工途中に、板金の状態に応じて焼なましを行うとよい。

19　次の設計図書のうち、意匠図に含まれるものはどれか。

イ　基礎伏図

ロ　軸組図

ハ　電気設備図

ニ　配置図

20　木構造における木材に関する記述として、適切でないものはどれか。

イ　木材は、一般に、腐食や虫害を受けにくい。

ロ　木材は、乾燥収縮により接合部が緩みやすい。

ハ　木材は、軽量のわりに圧縮や曲げ等に対する強度が大きい。

ニ　木材の接合方法には、仕口にボルトや釘《くぎ》等を併用したものもある。

21　一文字葺きの施工に適さない屋根形状はどれか。

イ　ろく屋根

ロ　むくり屋根

ハ　マンサード屋根

ニ　せん塔屋根

［Ｂ群（多肢択一法）］

22　下図の硬質塩化ビニル雨どいにおける部材の名称として、適切でないものはどれか。

イ　水止め

ロ　エルボ

ハ　集水器(受ます)

ニ　落口

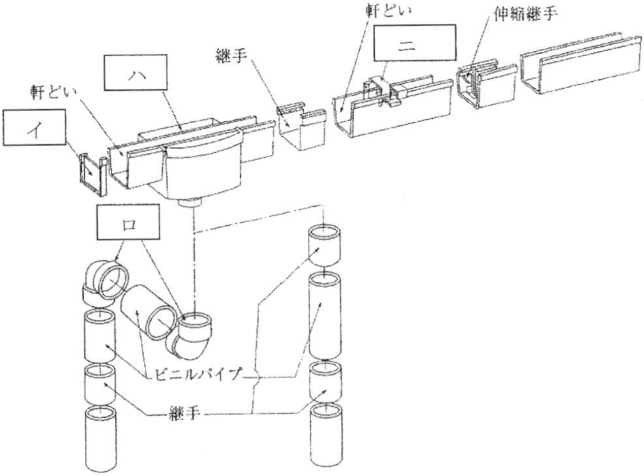

23　サイディングの施工に関する記述として、適切でないものはどれか。

イ　下地となる胴縁の間隔は、風圧力等を考慮して決める。

ロ　サイディングの継手部において、雨水が浸入するおそれがある場合には、シーリング材を施す。

ハ　金属製サイディングは、保管時や運搬時等に異種金属と接触しないようにする。

ニ　横張り工法により施工する場合、サイディングは、壁の上部から取り付けていく。

24　金属屋根材に使用される断熱材の材料に関する記述として、適切でないものはどれか。

イ　ロックウールは、数種類の鉱物を配合して溶解し、繊維化したものである。

ロ　グラスウールは、ガラスを溶解し、繊維化したものである。

ハ　パーライトは、雲母質の岩石を粉砕し、焼成・膨張させたものである。

ニ　発泡プラスチックは、プラスチック材の内部に気泡をもたせたものである。

［B群（多肢択一法）］

25　移動式クレーンによる作業における一般的な合図の方法とその意味の組合せとして、適切でないものはどれか。

イ　ジブ上げ

ロ　ジブ下げ

ハ　巻上げ

ニ　作業終了

令和2年度 技能検定
1級 建築板金 学科試験問題
（内外装板金作業）

1. 試験時間　1時間40分
2. 問題数　50題(A群25題、B群25題)
3. 注意事項

(1) 係員の指示があるまで、この表紙はあけないでください。

(2) 答案用紙(真偽法と多肢択一法の併用)に検定職種名、作業名、級別、受検番号、氏名を必ず記入してください。

(3) 係員の指示に従って、問題数を確かめてください。それらに異常がある場合は、黙って手を挙げてください。問題はA群(真偽法)とB群(多肢択一法)とに分かれています。

(4) 試験開始の合図で始めてください。

(5) 解答の方法(真偽法と多肢択一法の併用)は次のとおりです。

イ．A群の問題(真偽法)は、一つ一つの問題の内容が正しいか、誤っているかを判断して解答してください。

ロ．B群の問題(多肢択一法)は、正解と思うものを一つだけ選んで、解答してください。二つ以上に解答した場合は誤答となります。

ハ．答案用紙(マークシート用紙)へ解答する際は、答案用紙に記載されている注意事項に従ってください。

ニ．答案用紙の解答欄は、A群の問題とB群の問題とでは異なります。所定の解答欄に、試験問題の題数に応じて解答してください。解答欄はA群は50題まで、B群は25題まで解答できるようになっています。

(6) 電子式卓上計算機その他これと同等の機能を有するものは、使用してはいけません。

(7) 携帯電話、スマートフォン、ウェアラブル端末等は、使用してはいけません。

(8) 試験中、質問があるときは、黙って手を挙げてください。ただし、試験問題の内容、漢字の読み方等に関する質問にはお答えできません。

(9) 試験終了時刻前に解答ができあがった場合は、黙って手を挙げて、係員の指示に従ってください。

(10) 試験中に手洗いに立ちたいときは、黙って手を挙げて、係員の指示に従ってください。

(11) 試験終了の合図があったら、筆記用具を置き、係員の指示に従ってください。

［A群（真偽法）］

1　同一材質で板厚が同じ場合、スプリングバック量は、一般に、曲げ半径が小さいほど大きくなる。

2　曲げ加工のボトミングは、底突き曲げである。

3　下図は、三角錐《すい》の投影図であるが、線分O－Aは、線分O′－A′の実長である。

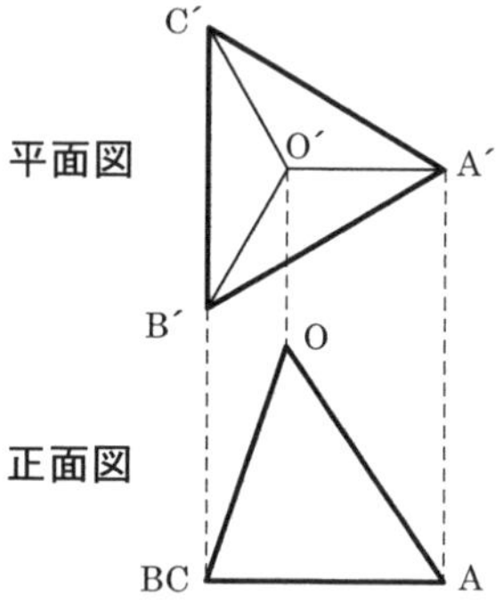

4　910mm×910mmの板からは、底辺が1200mm、高さが600mmの直角二等辺三角形を2枚取ることができない。

5　アーク溶接の溶接金属が母材に融合せず、ビードの縁が母材に重なり合っている欠陥を、オーバラップという。

6　リベット継手は、一般に、溶接継手よりもひずみの発生が多い。

7　直刃せん断機の所要せん断力は、上刃と下刃のクリアランスが小さいほど小さくなる。

8　プレスブレーキは、金型を交換することによって円形や角形の曲げ加工ができる。

9　油圧プレスは、機械プレスよりもストローク長さを容易に変更できる。

10　溝たがねは、はぜ締め作業に使用する。

11　鋼板は、弾性限度を超えない荷重でも、繰り返して荷重をかけると金属疲労が生じる。

［A群（真偽法）］

12　建築基準法関係法令において、ひさしは、主要構造部に含まれる。

13　日本産業規格(JIS)において、製図における想像線は、一点鎖線で表される。

14　3Ωと6Ωの抵抗を並列に接続した場合の合成抵抗は、2Ωである。

15　ヒューズは、電気回路に対して直列に入れるとよい。

16　労働安全衛生法関係法令によれば、脚立を使用する場合、脚立の脚と水平面との角度は、80°以下とするとされている。

17　ポリエステル樹脂は、熱硬化性樹脂である。

18　同じ板厚の鋼板を用いて深い容器を成形する場合は、絞り加工よりも打出し加工で行う方がよい。

19　巻はぜは、水漏れ防止に効果的な加工法ではない。

20　施工図は、板金作業者が設計図書により作成するので、工事管理者の承認を必要としない。

21　一文字葺きでは、一般に、1枚の葺き板を大きくするほど、雨漏りは少なくなるが、風に対する強度は小さくなる。

22　鼻隠しが付いている軒先のとい受け金具には、横打ち(ウの首)が適している。

23　方形屋根の場合、雨どいの伸縮処理は、一般に、受けますの中で行う。

24　擬《ぎ》宝《ぼ》珠《し》は、へら絞り工法でも製作できる。

25　建築物の開口部は、煙突穴や換気口のことで、出入口や窓は含まれない。

［B群（多肢択一法）］

1　スケヤシャーで軟鋼板を切断するときの板厚に対するクリアランスとして、最も適切なものはどれか。

イ　1～ 2%

ロ　5～10%

ハ　15～20%

ニ　25～30%

2　下図に示す斜円錐《すい》の製品を作る場合、適切な展開図法はどれか。

イ　三角形法と放射線法の併用

ロ　放射線法

ハ　三角形法と平行線法の併用

ニ　平行線法

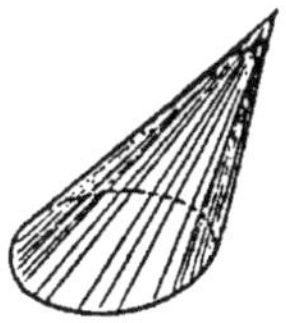

3　円筒における円周の板取り寸法の計算式として、適切でないものはどれか。

イ　(外径－板厚)× π

ロ　(外径－板厚×2)× π

ハ　中立線直径× π

ニ　(内径＋板厚)× π

4　被覆アーク溶接棒の被覆剤(フラックス)の役割に関する記述として、適切でないものはどれか。

イ　アークを安定させる。

ロ　溶けた金属を保護する。

ハ　溶接金属の急冷を促す。

ニ　溶接金属に必要な元素を添加する。

5　リベット接合に関する記述として、適切でないものはどれか。

イ　リベットの材質には、軟鋼、銅、アルミニウム合金などがある。

ロ　リベットの形状には、丸、皿、なべ、平などがある。

ハ　リベット継手には、重ね継手と突合せ継手がある。

ニ　リベットの径は、接合する母材の厚さとは関係がない。

6　スケヤシャーのシャー角を小さくした場合に関する記述として、適切でないものはどれか。

イ　薄板の切断に適する。

ロ　製品の寸法精度が高くなる。

ハ　製品のねじれが少なくなる。

ニ　せん断に要する力が小さくなる。

［B群（多肢択一法）］

7　曲げ加工用機械に関する記述として、適切でないものはどれか。

イ　プレスブレーキは、一般に、板金の曲げ加工用として使われる。

ロ　手動式の万能折曲げ機による加工製品は、一般に、加工きずがつきにくい。

ハ　プレスブレーキの曲げ精度は、一般に、手動式の万能折曲げ機よりも低い。

ニ　曲げロール機には、2本のロールを使用したものがある。

8　次のうち、せん断加工でないものはどれか。

イ　コイニング

ロ　穴あけ

ハ　打抜き

ニ　切欠き

9　測定器具及び工具に関する記述として、適切でないものはどれか。

イ　平行台及びVブロックは、けがき作業に使用される。

ロ　トースカンは、定盤上にある工作物に対して曲線をけがくのに適している。

ハ　ノギスのデプスバーは、溝の深さを測定するのに使用する。

ニ　パスには、外パスや内パス等がある。

10　板厚だけが異なる材料に対し、同一条件で曲げ加工を行う場合の曲げ荷重に関する記述として、適切なものはどれか。

イ　板厚に比例する。

ロ　板厚に反比例する。

ハ　板厚の2乗に比例する。

ニ　板厚の2乗に反比例する。

11　建築物の基礎に関する記述として、適切でないものはどれか。

イ　布基礎は、長く連続したものである。

ロ　独立基礎は、不同沈下を起こしにくい。

ハ　べた基礎は、建築物の底面全体で荷重を受けるものである。

ニ　複合基礎は、一つの基盤で複数の柱を支える。

12　次に示す日本産業規格(JIS)における建築外板用波板の表示記号の説明として、誤っているものはどれか。

SGCHA　W2　Z12　0.29×762×1829

イ　形状は、波板2号、小波である。

ロ　表示厚さ(材料の板厚)は、0.29mmである。

ハ　有効幅(重ね幅を除いた材料の幅)は、762mmである。

ニ　長さ(材料の長さ)は、1829mmである。

［B群（多肢択一法）］

13　文中の(　　)内に当てはまる数値の組合せとして、適切なものはどれか。

(　①　)Ωの電気抵抗に、(　②　)Aの電流が流れる電熱器の電力は、500Wである。

	①	②
イ	8	12
ロ	10	10
ハ	20	5
ニ	30	3

14　文中の(　　)内に当てはまる数値として、適切なものはどれか。

50Hzの周波数で使用している誘導電動機を60Hzで使用したとき、回転数は、50Hzの約(　　)倍となる。

イ　0.8

ロ　1.2

ハ　1.5

ニ　1.7

15　文中の(　　)内に当てはまる数値として、正しいものはどれか。

労働安全衛生法関係法令によれば、事業者は、高さ又は深さが(　　)mをこえる箇所で作業を行うときは、原則として、当該作業に従事する労働者が安全に昇降するための設備等を設けなければならないとされている。

イ　1.5

ロ　2.0

ハ　2.5

ニ　3.0

16　銅合金に関する記述として、適切なものはどれか。

イ　黄銅は、銅とアルミニウムの合金である。

ロ　丹銅は、銅と鉛の合金である。

ハ　青銅は、銅とすずの合金である。

ニ　洋銀は、銅と銀の合金である。

17　手加工による折曲げ工具として、適切でないものはどれか。

イ　拍子木

ロ　かたな刃

ハ　柳刃

ニ　かげたがね

［B群（多肢択一法）］

18　はんだごてに関する記述として、適切でないものはどれか。

イ　こての加熱温度は、100℃が適切である。

ロ　こての加熱温度が適切なときは、こてに溶着したはんだは、銀白色となる。

ハ　こての加熱温度が高すぎるときは、こてに溶着したはんだは、酸化して灰色となる。

ニ　こての加熱温度が低いときは、はんだが半溶融状態で、流動性がない。

19　工程表に関する記述として、適切でないものはどれか。

イ　バーチャート工程表は、工事の順序や他職種との因果関係がわかりにくい。

ロ　バーチャート工程表は、比較的容易に作成できる。

ハ　ネットワーク工程表は、工事の変更があったときに速やかに対応できない。

ニ　ネットワーク工程表は、工事歩掛の知識がないと、全体工程の精度が悪くなる。

20　建築構造に関する記述として、適切でないものはどれか。

イ　補強コンクリートブロック造は、コンクリートブロックの圧縮強さに関わらず、建築は2階建てまでに制限されている。

ロ　木造は、鉄筋コンクリート造よりも軽量で加工性が良い。

ハ　鉄骨造の構造形式は、主に、トラス構造、ラーメン構造及びブレース構造の3種類に分けられる。

ニ　鉄筋コンクリート造は、鉄筋とコンクリートのそれぞれの長所がお互いの短所を補っている。

21　勾配に関する記述として、適切でないものはどれか。

イ　ろく屋根には、一文字葺きは適さない。

ロ　屋根部と谷部の勾配は、異なる。

ハ　5/100勾配に、折板葺きは適さない。

ニ　アーチ屋根の勾配は、一定でない。

22　谷どい工法に関する記述として、適切でないものはどれか。

イ　谷どいの落口には、異物が詰まるおそれがあるので、オーバーフロー管等を付けるとよい。

ロ　谷どいの勾配は、1/100以上にする。

ハ　谷どいの継手は、分水点以外の箇所には設けない。

ニ　谷どいの分水点間の伸縮は、5mm以内を見込む。

［B群（多肢択一法）］

23　金属成形板張りにおける外壁の出隅及び入隅の納め方に関する記述として、適切でないものはどれか。

イ　出隅及び入隅カバーは、胴縁には留め付けない。

ロ　出隅部には、原則として、縦胴縁を設ける。

ハ　縦張り工法の出隅及び入隅カバーは、現場の実測によって加工する。

ニ　出隅及び入隅部の捨て板は、必要に応じて設ける。

24　室内の結露の防止対策として、適切でないものはどれか。

イ　壁等の室内断熱性を高くする。

ロ　通風や換気は行わず、気密性を高くする。

ハ　防湿層を設け、湿気の浸入を防ぐ。

ニ　吸湿性の高い内装仕上げ材を使用する。

25　足場に関する記述として、適切でないものはどれか。

イ　本足場は、主に、壁面の作業に用いられる。

ロ　くさび緊結式足場は、主に、低層住宅工事に用いられる。

ハ　棚足場は、主に、天井工事に用いられる。

ニ　移動式足場(ローリングタワー)は、作業床上に人を乗せて移動することができる。

令和4年度 技能検定
2級 建築板金 学科試験問題
（ダクト板金作業）

1. 試験時間　1時間40分
2. 問題数　50題(A群25題、B群25題)
3. 注意事項
   (1) 係員の指示があるまで、この表紙はあけないでください。
   (2) 答案用紙(真偽法と多肢択一法の併用)に検定職種名、作業名、級別、受検番号、氏名を必ず記入してください。
   (3) 係員の指示に従って、問題数を確かめてください。それらに異常がある場合は、黙って手を挙げてください。問題はA群(真偽法)とB群(多肢択一法)とに分かれています。
   (4) 試験開始の合図で始めてください。
   (5) 解答の方法(真偽法と多肢択一法の併用)は次のとおりです。
      イ. A群の問題(真偽法)は、一つ一つの問題の内容が正しいか、誤っているかを判断して解答してください。
      ロ. B群の問題(多肢択一法)は、正解と思うものを一つだけ選んで、解答してください。二つ以上に解答した場合は誤答となります。
      ハ. 答案用紙(マークシート用紙)へ解答する際は、答案用紙に記載されている注意事項に従ってください。
      ニ. 答案用紙の解答欄は、A群の問題とB群の問題とでは異なります。所定の解答欄に、試験問題の題数に応じて解答してください。解答欄はA群は50題まで、B群は25題まで解答できるようになっています。
   (6) 電子式卓上計算機その他これと同等の機能を有するものは、使用してはいけません。
   (7) 携帯電話、スマートフォン、ウェアラブル端末等は、使用してはいけません。
   (8) 試験中、質問があるときは、黙って手を挙げてください。ただし、試験問題の内容、漢字の読み方等に関する質問にはお答えできません。
   (9) 試験終了時刻前に解答ができあがった場合は、黙って手を挙げて、係員の指示に従ってください。
   (10) 試験中に手洗いに立ちたいときは、黙って手を挙げて、係員の指示に従ってください。
   (11) 試験終了の合図があったら、筆記用具を置き、係員の指示に従ってください。

［A群（真偽法）］

1　鋼板の最小曲げ半径は、材質が同じであれば、板厚が厚くなるほど大きくなる。

2　せん断加工により切り出した板金の曲げ加工では、端部にかえり(バリ)がある方の面を内側にして曲げると、外側にして曲げた場合よりも板金に割れが発生しにくい。

3　右の図Bは、左の図Aに示す円錐《すい》の側面の展開図である。

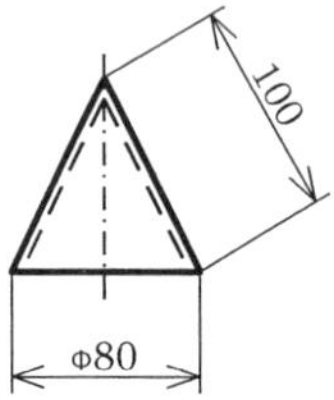

図A

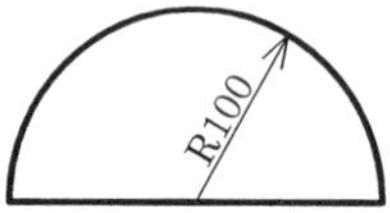

図B

4　寸法が内径で示された円筒を板金の曲げ加工により製作する場合、円筒の周方向の板取り寸法は、下式で求める。ただし、はぜしろ及び重ねしろは、考えないものとする。

板取り寸法＝(内径－板厚)× π

5　アーク溶接において、溶接棒の径が4mm以下の場合、溶接時のアークの長さは、溶接棒の径と同程度がよい。

6　スケヤシャーのシャー角は、板金のせん断に要する力を小さくするために付けられている。

7　ロール成形機は、長尺の板金の加工に適している。

8　クランクプレスは、一般に、油圧プレスよりも加工速度が遅い。

9　ねじ切り作業において、タップは、めねじを切るのに使用する。

10　塑《そ》性とは、物体が外力を受けると変形し、外力が取り除かれると元の形状に戻る性質をいう。

11　鉄筋コンクリート造では、主として、コンクリートが引張り力を、鉄筋が圧縮力を負担している。

12　日本産業規格(JIS)によれば、製図において、引出線には、細い二点鎖線を用いる。

13　導線の電気抵抗は、その断面積に比例する。

［A群（真偽法）］

14　整流器は、交流電流を直流電流に変換する機器である。

15　労働安全衛生法関係法令によれば、高所作業車の運転者は、走行のための運転位置から離れるとき(作業床に労働者が乗って作業を行い、又は作業を行おうとしている場合を除く。)は、作業床を最低降下位置に置かなければならない。

16　公共建築工事標準仕様書(機械設備工事編)によれば、ダクトは、常用圧力によって低圧ダクトと高圧ダクトの2種類に区分されている。

17　ステンレス鋼SUS304には、一般に、磁性がある。

18　公共建築工事標準仕様書(機械設備工事編)によれば、共板フランジ工法ダクトの接続において、フランジ押さえ金具は、再使用してはならない。

19　公共建築工事標準仕様書(機械設備工事編)によれば、排煙ダクトは、木材その他の可燃物から150mm以上離して設置する。

20　換気ダクトにおいて、防火ダンパーを表す図示記号は、FDである。

21　プラズマ切断機は、材料の切断にアセチレンガスを使用する。

22　機械給気・自然排気で換気を行う室内の圧力は、正圧となる。

23　真壁造は、柱が壁の中に隠れる構造である。

24　公共建築工事標準仕様書(機械設備工事編)によれば、設計図書において、特記仕様書と標準仕様書の間に相違がある場合は、特記仕様書が優先される。

25　足場の布とは、足場と建築物の壁面をつなぐ部材をいう。

［Ｂ群（多肢択一法）］

1　次のうち、せん断加工した鋼板の切り口の部位や形状を表す名称でないものはどれか。

　　イ　だれ
　　ロ　せん断面
　　ハ　破断面
　　ニ　ねじれ

2　次のうち、下図のように板金をR30の半円形に切り抜くのに最も適したものはどれか。

　　イ　えぐり刃
　　ロ　柳刃
　　ハ　直刃
　　ニ　なまこ切り(波板はさみ)

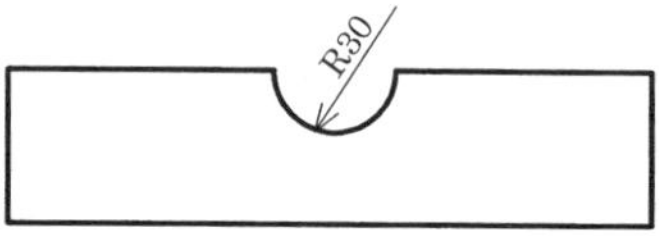

3　次の平面図及び正面図に示す切頭四角錐《すい》の側面の展開図として、適切なものはどれか。

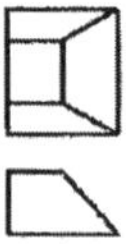

平面図

正面図

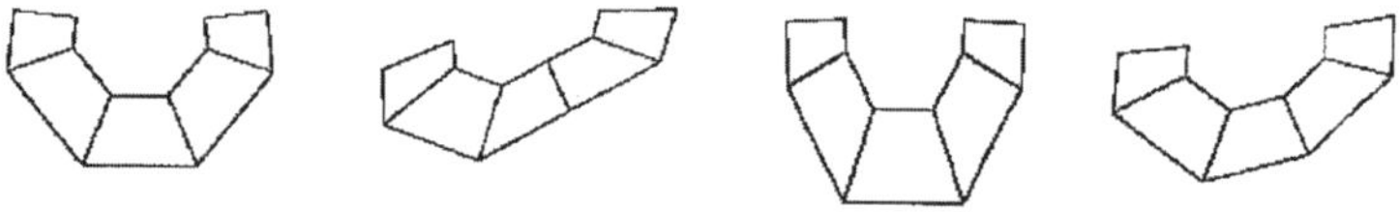

イ　　　ロ　　　ハ　　　ニ

4　各種材料にけがき針でけがき線を引く際の一般的な要領として、適切でないものはどれか。

　　イ　硬質材は、強くけがく。
　　ロ　軟質材は、軽くけがく。
　　ハ　銅板は、強くけがく。
　　ニ　アルミニウム板は、軽くけがく。

5　次のうち、溶接の欠陥を表す名称でないものはどれか。

　　イ　ブローホール
　　ロ　ダウンカット
　　ハ　オーバラップ
　　ニ　スラグの巻込み

［B群（多肢択一法）］

6　下図に示すリベット形状と名称の組合せとして、適切でないものはどれか。

丸皿リベット	なべリベット	丸リベット	平リベット
イ	ロ	ハ	ニ

7　次のうち、コイル状の板金材を円形刃により連続的に複数の帯板に切断できる機械はどれか。

　イ　スケヤシャー
　ロ　ニブリングマシン
　ハ　ガングスリッタ
　ニ　ギャップシャー

8　3本ロール機に関する記述として、適切でないものはどれか。

　イ　ピラミッドタイプは、一般に、厚板の曲げ加工に使用される。
　ロ　ピンチタイプは、一般に、薄板の曲げ加工に使用される。
　ハ　ロール軸を板金の圧延方向と平行にして曲げ加工するよりも、板金の圧延方向と直角にして曲げ加工を行った方が、板金に割れが生じやすい。
　ニ　手動式のものと動力式のものがある。

9　文中の(　　)内に当てはまる数値として、適切なものはどれか。

　プレスブレーキにおけるエアベンディング用90°曲げ型ダイの溝幅は、加工する板金の板厚の(　　)倍程度が適切である。

　イ　8
　ロ　12
　ハ　16
　ニ　20

10　次のうち、手作業で厚さ2mmの鋼板を切断するのに適しているものはどれか。

　イ　かたな刃
　ロ　影たがね
　ハ　溝たがね
　ニ　平たがね

11　フックの法則によれば、弾性変形における応力とひずみの関係として、適切なものはどれか。

　イ　応力は、ひずみに反比例する。
　ロ　応力は、ひずみの二乗に反比例する。
　ハ　応力は、ひずみに比例する。
　ニ　応力は、ひずみの二乗に比例する。

［B群（多肢択一法）］

12　下図における屋根の形状の名称として、適切なものはどれか。

イ　寄棟

ロ　切妻

ハ　入母屋

ニ　方形

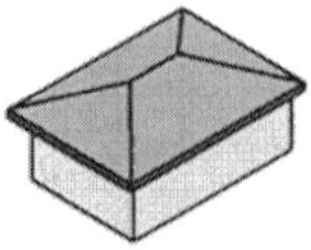

13　日本産業規格(JIS)によれば、製図において、細い破線で表すものはどれか。

イ　外形線

ロ　中心線

ハ　かくれ線

ニ　寸法線

14　オームの法則によれば、電圧Eを求める計算式として、適切なものはどれか。ただし、下式において、Iは電流、Rは抵抗とする。

イ　$E=R\div I$

ロ　$E=R\times I$

ハ　$E=R\div I^2$

ニ　$E=R\times I^2$

15　6極の三相誘導電動機を電源周波数50Hzで運転するときの回転数として、適切なものはどれか。ただし、すべりは無視するものとする。

イ　300 rpm

ロ　600 rpm

ハ　1000 rpm

ニ　1500 rpm

16　文中の(　　)内に当てはまる数値として、正しいものはどれか。

労働安全衛生法関係法令によれば、研削といしについては、その日の作業を開始する前に、(　　)分間以上試運転をしなければならない。

イ　1

ロ　2

ハ　3

ニ　4

17　公共建築工事標準仕様書(機械設備工事編)によれば、亜鉛鉄板製の円形排煙ダクトにおいて、亜鉛鉄板の継目の継ぎ方として、正しいものはどれか。

イ　ボタンパンチスナップはぜ

ロ　ピッツバーグはぜ

ハ　内部甲はぜ

ニ　溶接

［B群（多肢択一法）］

18　浴室用ガスケット(パッキン)の材質として、適切でないものはどれか。

　イ　ブチルゴム系
　ロ　ニトリルゴム系
　ハ　天然ゴム系
　ニ　ポリ塩化ビニル系

19　下図のうち、ピッツバーグはぜはどれか。

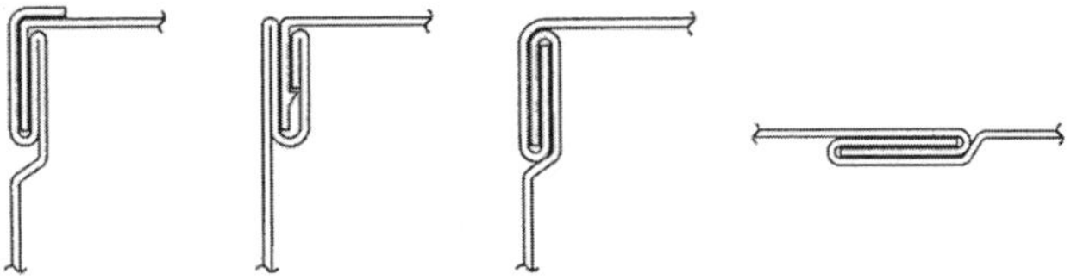

イ　　ロ　　ハ　　ニ

20　公共建築工事標準仕様書(機械設備工事編)によれば、長辺の寸法が750mmを超え、1500mm以下であるダクトに用いる吊り金物(山形鋼)の寸法として、正しいものはどれか。

　イ　25mm×25mm×3mm
　ロ　30mm×30mm×3mm
　ハ　40mm×40mm×3mm
　ニ　40mm×40mm×5mm

21　ボリュームダンパーの使用目的として、適切なものはどれか。

　イ　ダクト内部の風量を調整する。
　ロ　ダクト内部の風向きを変える。
　ハ　ダクト内部の圧力を低くする。
　ニ　ダクト内部の風切り音を防止する。

22　次のうち、一般に、ダクトの取付け(吊込み)作業に使用しないものはどれか。

　イ　スパナ
　ロ　プライヤ
　ハ　自動ダクトシーラー
　ニ　ラチェットレンチ

23　次の空調用図示記号が表すダクトはどれか。

　イ　給気ダクト
　ロ　排気ダクト
　ハ　排煙ダクト
　ニ　外気ダクト

――――― SA ―――――

［B群（多肢択一法）］

24　鉄骨造の略称として、適切なものはどれか。

イ　RC造

ロ　S造

ハ　SRC造

ニ　CB造

25　文中の(　　)内に当てはまる数値として、正しいものはどれか。

公共建築工事標準仕様書(機械設備工事編)によれば、防火ダンパーのケーシング及び可動羽根の材質は、厚さ(　　)mm以上の鋼板とする。

イ　0.8

ロ　1.0

ハ　1.2

ニ　1.5

令和3年度 技能検定
2級 建築板金 学科試験問題
（ダクト板金作業）

1. 試験時間　1時間40分
2. 問題数　50題(A群25題、B群25題)
3. 注意事項

（1） 係員の指示があるまで、この表紙はあけないでください。

（2） 答案用紙(真偽法と多肢択一法の併用)に検定職種名、作業名、級別、受検番号、氏名を必ず記入してください。

（3） 係員の指示に従って、問題数を確かめてください。それらに異常がある場合は、黙って手を挙げてください。問題はA群(真偽法)とB群(多肢択一法)とに分かれています。

（4） 試験開始の合図で始めてください。

（5） 解答の方法(真偽法と多肢択一法の併用)は次のとおりです。

イ．　A群の問題(真偽法)は、一つ一つの問題の内容が正しいか、誤っているかを判断して解答してください。

ロ．　B群の問題(多肢択一法)は、正解と思うものを一つだけ選んで、解答してください。二つ以上に解答した場合は誤答となります。

ハ．　答案用紙(マークシート用紙)へ解答する際は、答案用紙に記載されている注意事項に従ってください。

ニ．　答案用紙の解答欄は、A群の問題とB群の問題とでは異なります。所定の解答欄に、試験問題の題数に応じて解答してください。解答欄はA群は50題まで、B群は25題まで解答できるようになっています。

（6） 電子式卓上計算機その他これと同等の機能を有するものは、使用してはいけません。

（7） 携帯電話、スマートフォン、ウェアラブル端末等は、使用してはいけません。

（8） 試験中、質問があるときは、黙って手を挙げてください。ただし、試験問題の内容、漢字の読み方等に関する質問にはお答えできません。

（9） 試験終了時刻前に解答ができあがった場合は、黙って手を挙げて、係員の指示に従ってください。

（10） 試験中に手洗いに立ちたいときは、黙って手を挙げて、係員の指示に従ってください。

（11） 試験終了の合図があったら、筆記用具を置き、係員の指示に従ってください。

［A群（真偽法）］

1　板金を円筒に曲げる場合、心金(ため棒)の径は、求める円筒の内径と同じにする。

2　せん断加工により切り出した板金の曲げ加工では、端部にかえり(バリ)がある方の面を内側にして曲げると、外側にして曲げた場合よりも板金に割れが発生しやすくなる。

3　次の展開図は、右の平面図及び正面図に示す切頭四角錐《すい》の側面を展開したものである。

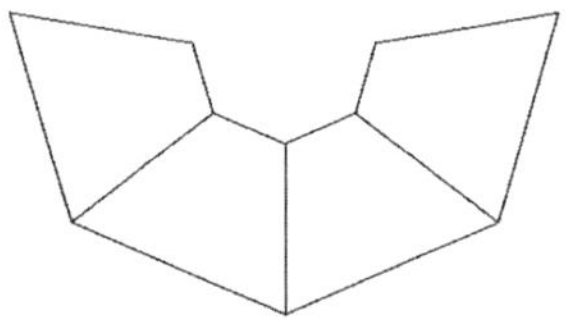

展開図

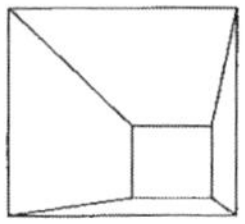

平面図

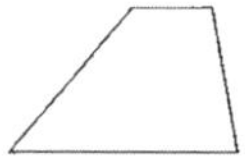

正面図

4　鋼板の曲げ加工では、一般に、曲げ線と鋼板の圧延方向が平行にならないように板取りを行うとよい。

5　アーク溶接において、溶着金属の表面に生じた過分なスラグは、溶接完了後に除去する。

6　ニブリングマシンでは、一般に、板金を曲線状に切断することはできない。

7　プレスブレーキは、一般に、寸動運転を行うことはできない。

8　油圧プレスの最大加圧力は、一般に、クランクプレスの最大加圧力よりも小さい。

9　トースカンは、定盤上に置かれた工作物に曲線をけがくのに適している。

10　弾性とは、物体が外力を受けると変形し、外力が取り除かれると元の形状に戻る性質をいう。

11　真壁造では、柱は壁の中に隠れている。

12　日本産業規格(JIS)によれば、製図において、寸法線や引出線には、一点鎖線を使用する。

［A群（真偽法）］

13　オームの法則によれば、電流は、電圧に反比例する。

14　三相誘導電動機(モータ)の運転時の回転方向は、三相電源の電線のうち任意の2線を入れ替えても変わらない。

15　労働安全衛生法関係法令によれば、研削といしの取替え時の試運転の業務は、特別教育を必要とする業務である。

16　公共建築工事標準仕様書(機械設備工事編)によれば、長方形の風量調節ダンパーにおいて、可動羽根の枚数が2枚以上となる場合は、対向翼とする。

17　グラスウールは、吸音材の材料としても使用される。

18　ダクトにリブを設ける主な目的は、ダクトの見栄えを良くするためである。

19　公共建築工事標準仕様書(機械設備工事編)によれば、スパイラルダクトの接続は、差込接合又はフランジ接合とするとされている。

20　公共建築工事標準仕様書(機械設備工事編)によれば、防火ダンパーを排煙ダクトに取り付ける場合の温度ヒューズの作動温度は、180℃とされている。

21　溝たがねは、はぜ組み作業におけるはぜ締めに使用される。

22　換気方法が機械給気・自然排気の室内は、負圧となる。

23　鉄筋コンクリート造では、主として、コンクリートが圧縮力に抵抗し、鉄筋が引張力に抵抗する。

24　施工計画には、一般に、工事中の安全管理に関する計画も含まれる。

25　移動式足場(ローリングタワー)は、人を乗せたまま移動させてはならない。

［B群（多肢択一法）］

1　直刃せん断機による板金の切断加工において、せん断機の刃部のクリアランスを適正値よりも小さくした場合の板金の切り口の状態に関する記述として、適切でないものはどれか。

イ　二次せん断面が生じる。

ロ　かえりが大きくなる。

ハ　破断面が狭くなる。

ニ　だれが小さくなる。

2　次のうち、板金の曲げ加工で使用しないものはどれか。

イ　ジグソー

ロ　木ハンマ

ハ　つかみばし

ニ　平口やっとこ

3　下図の四角筒の展開図として、適切なものはどれか。

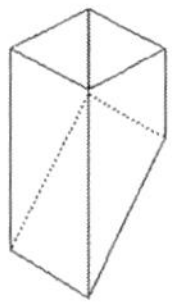

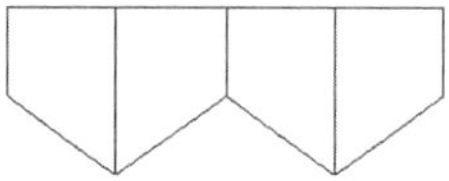

イ

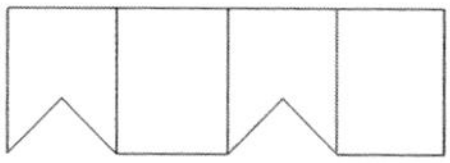

ロ

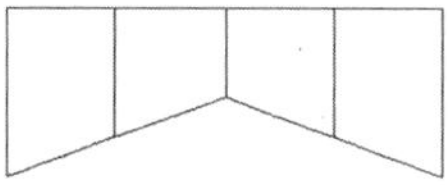

ハ

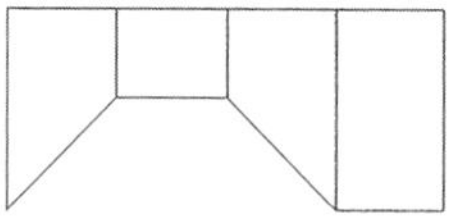

ニ

4　次のうち、板金の板取りに使用するものはどれか。

イ　はぜ起こし

ロ　かたな刃

ハ　さし金

ニ　拍子木

［B群（多肢択一法）］

5　被覆アーク溶接棒の被覆剤(フラックス)の役割として、適切でないものはどれか。
　イ　アークを安定させる。
　ロ　溶けた金属を保護する。
　ハ　溶接金属を急冷する。
　ニ　溶接金属の流れをよくする。

6　下図に示すリベットの形状とその名称の組合せとして、適切でないものはどれか。

丸リベット	角リベット	丸皿リベット	皿リベット
イ	ロ	ハ	ニ

7　ガングスリッタに関する記述として、適切なものはどれか。
　イ　板材を一定幅の長尺の帯板に切断できる。
　ロ　上刃と下刃との上下振動で切断する。
　ハ　曲線状の切断に適している。
　ニ　直刃せん断機に分類される。

8　次のうち、曲げ加工用の機械でないものはどれか。
　イ　エキセン
　ロ　プレスブレーキ
　ハ　フォルディングマシン
　ニ　コーナシャー

9　次のうち、プレス加工に含まれないものはどれか。
　イ　せん断加工
　ロ　曲げ加工
　ハ　絞り加工
　ニ　研削加工

10　次のうち、測定用工具でないものはどれか。
　イ　パス
　ロ　ダイヤルゲージ
　ハ　ハイトゲージ
　ニ　けがき針

［Ｂ群（多肢択一法）］

11　建築物に作用する荷重及び外力に関する記述として、適切なものはどれか。

イ　固定荷重は、水平方向に作用する荷重である。

ロ　積載荷重は、床に作用する人や物体等の荷重である。

ハ　積雪荷重は、水平方向に作用する荷重である。

ニ　風圧力は、建築物の高さによらず一定である。

12　建築構造に関する記述として、適切でないものはどれか。

イ　S造とは、鉄骨造のことである。

ロ　RC造とは、鉄筋コンクリート造のことである。

ハ　SRC造とは、補強コンクリートブロック造のことである。

ニ　W造とは、木造のことである。

13　日本産業規格(JIS)の建築製図通則によれば、次の平面表示記号が表すものはどれか。

イ　出入口一般

ロ　引違い戸

ハ　引違い窓

ニ　シャッター

14　文中の(　　)内に当てはまる語句の組合せとして、適切なものはどれか。

導線の電気抵抗は、導体の長さに(①)し、その断面積に(②)する。

	①	②
イ	比例	比例
ロ	反比例	反比例
ハ	反比例	比例
ニ	比例	反比例

15　三相誘導電動機(モータ)が始動しない原因とならないものはどれか。

イ　電動機に過負荷がかかっている。

ロ　すべてのヒューズが断線している。

ハ　電磁開閉器のサーマルリレーが働いている。

ニ　逆転運転の配線になっている。

16　文中の(　　)内に当てはまる数値として、適切なものはどれか。

労働安全衛生法関係法令によれば、脚立は、脚と水平面との角度を(　　)度以下とし、かつ、折りたたみ式のものにあっては、脚と水平面との角度を確実に保つための金具等を備えることとされている。

イ　55

ロ　65

ハ　75

ニ　85

［B群（多肢択一法）］

17　公共建築工事標準仕様書(機械設備工事編)によれば、板厚1.6mmの鋼板製の排煙ダクトにおける板の継目として、適切なものはどれか。
　イ　ボタンパンチスナップはぜ
　ロ　ピッツバーグはぜ
　ハ　内部甲はぜ
　ニ　溶接

18　低圧ダクト用ガスケット(パッキン)の材質として、一般に、適切でないものはどれか。
　イ　クロロプレンゴム系
　ロ　シリコン系
　ハ　セラミック系
　ニ　ブチルゴム系

19　公共建築工事標準仕様書(機械設備工事編)によれば、断面寸法が1000mm×500mmの長方形低圧ダクトを作るときの亜鉛鉄板の板厚(適用表示厚さ)として、適切なものはどれか。
　イ　0.5mm
　ロ　0.6mm
　ハ　0.8mm
　ニ　1.0mm

20　公共建築工事標準仕様書(機械設備工事編)によれば、長辺が750mm以下のダクトの吊り金物(山形鋼)の寸法として、適切なものはどれか。
　イ　25mm×25mm×3mm
　ロ　30mm×30mm×3mm
　ハ　40mm×40mm×3mm
　ニ　40mm×40mm×5mm

21　ダクトにチャッキダンパー(CD)を取り付ける目的として、適切なものはどれか。
　イ　空気の逆流を防ぐため
　ロ　空気が流れる際に生じる音を小さくするため
　ハ　空気の流れる方向を変更するため
　ニ　空気の流れる量を一定にするため

22　次のうち、一般に、ダクトの取付け作業に使用しないものはどれか。
　イ　スパナ
　ロ　ウォーターポンププライヤー
　ハ　ラチェットレンチ
　ニ　電動ニブラ

［B群（多肢択一法）］

23　一般に、次の空調用図示記号が表すものはどれか。

—————— SM ——————

イ　給気ダクト
ロ　排気ダクト
ハ　排煙ダクト
ニ　外気ダクト

24　次のうち、架構式構造はどれか。
イ　鉄筋コンクリート造
ロ　鉄骨鉄筋コンクリート造
ハ　壁式鉄筋コンクリート造
ニ　鉄骨造

25　公共建築工事標準仕様書(機械設備工事編)によれば、風量測定口の取付け辺(長辺)の寸法が300mm以下の場合、風量測定口の取付け個数として、適切なものはどれか。
イ　1
ロ　2
ハ　3
ニ　4

令和2年度 技能検定
2級 建築板金 学科試験問題
(ダクト板金作業)

1. 試験時間　1時間40分
2. 問題数　50題(A群25題、B群25題)
3. 注意事項

(1) 係員の指示があるまで、この表紙はあけないでください。

(2) 答案用紙(真偽法と多肢択一法の併用)に検定職種名、作業名、級別、受検番号、氏名を必ず記入してください。

(3) 係員の指示に従って、問題数を確かめてください。それらに異常がある場合は、黙って手を挙げてください。問題はA群(真偽法)とB群(多肢択一法)とに分かれています。

(4) 試験開始の合図で始めてください。

(5) 解答の方法(真偽法と多肢択一法の併用)は次のとおりです。

イ．　A群の問題(真偽法)は、一つ一つの問題の内容が正しいか、誤っているかを判断して解答してください。

ロ．　B群の問題(多肢択一法)は、正解と思うものを一つだけ選んで、解答してください。二つ以上に解答した場合は誤答となります。

ハ．　答案用紙(マークシート用紙)へ解答する際は、答案用紙に記載されている注意事項に従ってください。

ニ．　答案用紙の解答欄は、A群の問題とB群の問題とでは異なります。所定の解答欄に、試験問題の題数に応じて解答してください。解答欄はA群は50題まで、B群は25題まで解答できるようになっています。

(6) 電子式卓上計算機その他これと同等の機能を有するものは、使用してはいけません。

(7) 携帯電話、スマートフォン、ウェアラブル端末等は、使用してはいけません。

(8) 試験中、質問があるときは、黙って手を挙げてください。ただし、試験問題の内容、漢字の読み方等に関する質問にはお答えできません。

(9) 試験終了時刻前に解答ができあがった場合は、黙って手を挙げて、係員の指示に従ってください。

(10) 試験中に手洗いに立ちたいときは、黙って手を挙げて、係員の指示に従ってください。

(11) 試験終了の合図があったら、筆記用具を置き、係員の指示に従ってください。

［A群（真偽法)］

1　円筒深絞りの製品の上部は、一般に、素材板厚よりも厚くなる。

2　同じ材質の場合、板金の最小曲げ半径は、板厚が厚くなるほど小さくなる。

3　頂角が60°の直円錐《すい》における側面の展開図は、半円になる。

4　鋼板を小さい曲げ半径で鋭く曲げる場合は、中立線の移動量を考えて板取りするとよい。

5　鋳鉄やステンレス鋼の切断には、酸素アセチレンガス切断が適している。

6　ニブリングマシンでは、切断や成形加工ができる。

7　成形ロール機は、短尺材の加工に適している。

8　油圧プレスの最大加圧力は、一般に、クランクプレスよりも大きい。

9　ノギスのデプスバーは、溝の深さを測定するのに使用する。

10　下図のような片持ばりに荷重Pが加わるとき、はりに生じる最大曲げモーメントは、点Bに生じる。

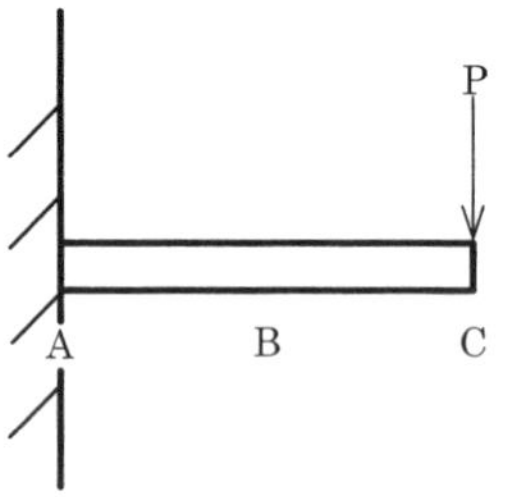

11　鉄筋コンクリート造では、主として、コンクリートが引張り力を、鉄筋が圧縮力を負担している。

12　日本産業規格(JIS)によれば、図形の中心を表すための中心線には、細い二点鎖線を使用する。

13　電圧の単位記号は、Ω(オーム)である。

［A群（真偽法）］

14　三相誘導電動機(モータ)の回転方向は、三相電源のうち任意の2線を入れかえることによって逆にすることができる。

15　労働安全衛生法関係法令によれば、脚立を使用する場合、脚立の脚と水平面との角度は、75°以下とする。

16　公共建築工事標準仕様書(機械設備工事編)によれば、ダクトは、常用圧力によって低圧ダクト、高圧1ダクト及び高圧2ダクトに区分されている。

17　グラスウールは、吸音材料にも使用される。

18　高湿用のダクトには、塩化ビニル樹脂金属積層板(塩ビ鋼板)を使用するとよい。

19　公共建築工事標準仕様書(機械設備工事編)によれば、板厚1.0mmの低圧ダクトの取付けに使用する受アングルの寸法は、L25mm×25mm×3mmである。

20　防火ダンパーは、煙によって作動する。

21　矩形ダクトの接合フランジに使用するリベッターは、主に、油圧式である。

22　下図のうち、ダクトの給気断面の記号は、図Bである。

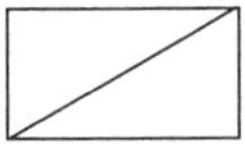

図A

図B

23　大壁造は、柱が壁の中に隠れる構造である。

24　ダクト工事は、他の設備工事よりも、最も優先して行う必要がある。

25　労働安全衛生法関係法令によれば、事業者は、高所作業車を用いて作業を行うときは、当該作業の指揮者を定めなければならない。

［B群（多肢択一法）］

1　スプリングバックに関する記述として、適切なものはどれか。
　イ　曲げ加工後、曲げ角度が少し戻る現象をいう。
　ロ　焼きなましをすると、スプリングバック量は増大する。
　ハ　ばねの名称の一つである。
　ニ　曲げ加工における割れの現象をいう。

2　文中の(　　)内に当てはまる語句として、最も適切なものはどれか。
　曲げ半径が小さい曲げ加工における中立面は、(　　)のことである。
　イ　板厚の中央の面
　ロ　伸びや縮みの生じない面
　ハ　板厚の内側の面
　ニ　板厚の外側の面

3　円錐《すい》の斜面上に中心軸が平行な角筒を重ねたとき、角筒の展開図として、適切なものはどれか。

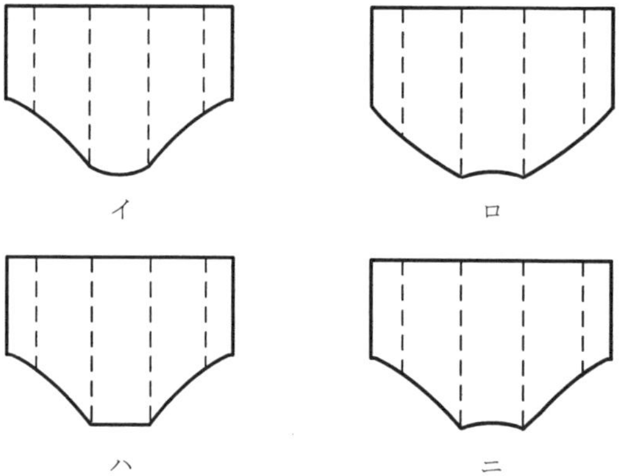

4　各種材料にけがき針でけがき線を引く要領として、適切でないものはどれか。
　イ　硬質材の場合は、強くけがく。
　ロ　軟質材の場合は、軽くけがく。
　ハ　銅板は、軽くけがく。
　ニ　アルミニウム板は、強くけがく。

5　溶接における欠陥の名称として、適切でないものはどれか。
　イ　オーバラップ
　ロ　アンダカット
　ハ　ダイス
　ニ　ピット

［B群（多肢択一法）］

6　リベットの種類別の長さLにおける表示の組合せとして、適切なものはどれか。

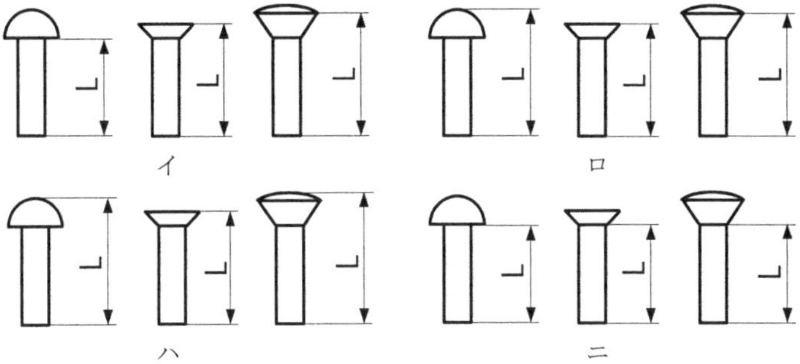

7　コイル状の鉄板を複数の帯状に同時に切断できる機械として、適切なものはどれか。
　イ　ロータリーシャー
　ロ　ニブリングマシン
　ハ　ガングスリッタ
　ニ　ギャップシャー

8　次のうち、曲げ加工用機械でないものはどれか。
　イ　万能折曲げ機
　ロ　プレスブレーキ
　ハ　3本ロール機
　ニ　コーナーシャー

9　下図のプレス加工の図と名称の組合せとして、適切でないものはどれか。

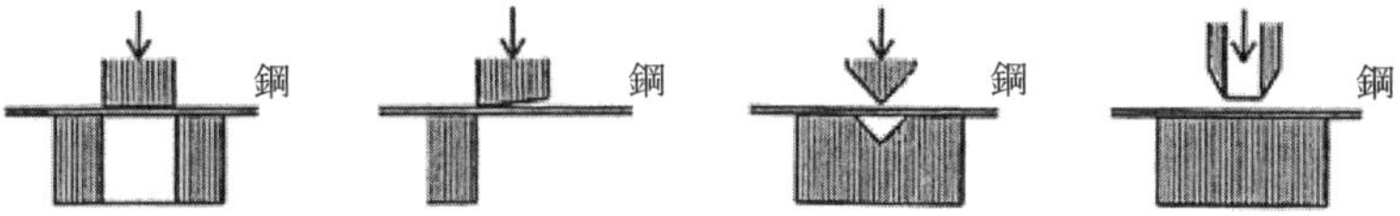

打抜き　　切断　　絞り　　突切り
イ　　ロ　　ハ　　ニ

10　次のうち、研削工具でないものはどれか。
　イ　サンダ
　ロ　ディスクグラインダ
　ハ　ハンドシャー
　ニ　ベルトサンダ

［B群（多肢択一法）］

11　文中の(　　)内に当てはまる語句として、適切なものはどれか。

　材料に外力を加えて変形させた後、外力を取り除いたとき、変形が元に戻らずに残留変形が生じることを(　　)という。

イ　ひずみ

ロ　応力

ハ　弾性

ニ　塑性

12　下図の屋根の名称として、適切なものはどれか。

イ　寄棟

ロ　方形

ハ　入母屋

ニ　切妻

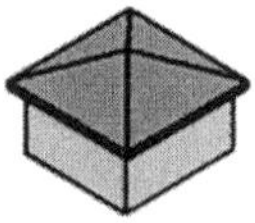

13　日本産業規格(JIS)によれば、細い実線を使用しないものはどれか。

イ　寸法補助線

ロ　寸法線

ハ　ハッチング

ニ　かくれ線

14　直流回路の電力を求める式として、適切なものはどれか。

イ　電力＝電流×電圧

ロ　電力＝電流×時間

ハ　電力＝電流×抵抗

ニ　電力＝電圧×抵抗

15　一般的な配線用遮断器の定格電流が30A以下の場合、定格電流の200%の電流が流れたときの動作時間として、適切なものはどれか。

イ　2分以内

ロ　4分以内

ハ　6分以内

ニ　8分以内

［B群（多肢択一法）］

16　文中の(　　)内に当てはまる数値として、正しいものはどれか。

労働安全衛生法関係法令によれば、事業者は、(　　)m以上の高所から物体を投下するときは、適当な投下設備を設け、監視人を置く等労働者の危険を防止するための措置を講じなければならない。

イ　2

ロ　3

ハ　4

ニ　5

17　公共建築工事標準仕様書(機械設備工事編)によれば、亜鉛鉄板製の場合における排煙ダクトのかどの継目として、適切なものはどれか。

イ　ボタンパンチスナップはぜ

ロ　ピッツバーグはぜ

ハ　内部甲はぜ

ニ　溶接

18　ダクト用ガスケット(パッキン)の材質として、現在、使用されていないものはどれか。

イ　クロロプレンゴム

ロ　ブチルゴム

ハ　ロックウール

ニ　アスベスト(石綿)

19　公共建築工事標準仕様書(機械設備工事編)によれば、アングルフランジ工法ダクトの接続におけるフランジ取付け用リベットの最小呼び径として、適切なものはどれか。

イ　4.0mm

ロ　4.2mm

ハ　4.5mm

ニ　4.8mm

20　公共建築工事標準仕様書(機械設備工事編)によれば、内径が155mm以下のスパイラルダクトの差込接合部を固定する鋼製ビスの片側最小本数として、適切なものはどれか。

イ　2本

ロ　3本

ハ　4本

ニ　5本

［B群（多肢択一法）］

21　グリスフィルタに関する記述として、適切なものはどれか。
　イ　排気中の油脂分等を除去するためのものである。
　ロ　風の量を調整するためのものである。
　ハ　空気の流れを整えるためのものである。
　ニ　排気の温度を下げるためのものである。

22　ダクトの取付け作業に使用する工具として、適切でないものはどれか。
　イ　スパナ
　ロ　プライヤ
　ハ　平行クランプ
　ニ　ラチェットレンチ

23　次のうち、防火ダンパーを表す記号はどれか。
　イ　CD
　ロ　VD
　ハ　FD
　ニ　MD

24　鉄筋コンクリート造の略称として、適切なものはどれか。
　イ　RC造
　ロ　S造
　ハ　SRC造
　ニ　CB造

25　文中の(　　)内に当てはまる数値として、適切なものはどれか。
　公共建築工事標準仕様書(機械設備工事編)によれば、風量調節ダンパーのケーシング及び可動羽根の材質は、厚さ(　　)mm以上の鋼板とする。
　イ　0.6
　ロ　0.8
　ハ　1.0
　ニ　1.2

令和４年度 技能検定
１級 建築板金 学科試験問題
（ダクト板金作業）

1. 試験時間　1時間40分
2. 問題数　50題(A群25題、B群25題)
3. 注意事項

（1） 係員の指示があるまで、この表紙はあけないでください。

（2） 答案用紙(真偽法と多肢択一法の併用)に検定職種名、作業名、級別、受検番号、氏名を必ず記入してください。

（3） 係員の指示に従って、問題数を確かめてください。それらに異常がある場合は、黙って手を挙げてください。問題はA群(真偽法)とB群(多肢択一法)とに分かれています。

（4） 試験開始の合図で始めてください。

（5） 解答の方法(真偽法と多肢択一法の併用)は次のとおりです。

イ．　A群の問題(真偽法)は、一つ一つの問題の内容が正しいか、誤っているかを判断して解答してください。

ロ．　B群の問題(多肢択一法)は、正解と思うものを一つだけ選んで、解答してください。二つ以上に解答した場合は誤答となります。

ハ．　答案用紙(マークシート用紙)へ解答する際は、答案用紙に記載されている注意事項に従ってください。

ニ．　答案用紙の解答欄は、A群の問題とB群の問題とでは異なります。所定の解答欄に、試験問題の題数に応じて解答してください。解答欄はA群は50題まで、B群は25題まで解答できるようになっています。

（6） 電子式卓上計算機その他これと同等の機能を有するものは、使用してはいけません。

（7） 携帯電話、スマートフォン、ウェアラブル端末等は、使用してはいけません。

（8） 試験中、質問があるときは、黙って手を挙げてください。ただし、試験問題の内容、漢字の読み方等に関する質問にはお答えできません。

（9） 試験終了時刻前に解答ができあがった場合は、黙って手を挙げて、係員の指示に従ってください。

（10） 試験中に手洗いに立ちたいときは、黙って手を挙げて、係員の指示に従ってください。

（11） 試験終了の合図があったら、筆記用具を置き、係員の指示に従ってください。

［A群（真偽法）］

1　材質及び板厚が同じ板金を曲げ加工する場合、加工後のスプリングバック量は、一般に、曲げ半径が大きいほど大きくなる。

2　板金の曲げ加工において、一般に、板金の曲げ半径が板厚の5倍以下になると、加工後の板金の中立面(中立軸)は、曲げの内側へ移動する。

3　下図は、下端が斜めにカットされた形状の四角筒の概略的な投影図と展開図であるが、展開図における角度βは、投影図における角度αよりも大きくなる。

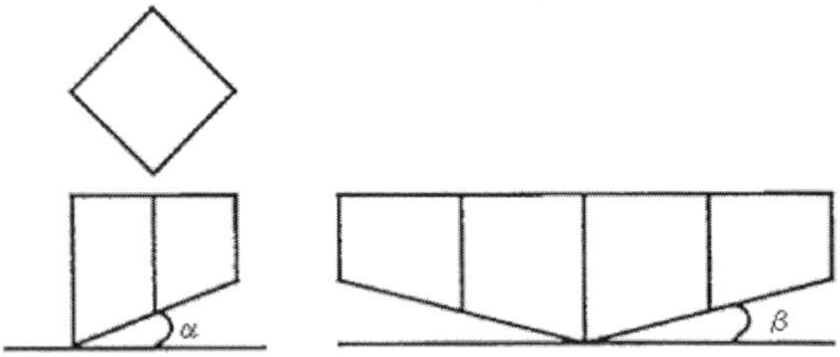

投影図　　　　　　展開図

4　一辺が910mmの正方形の板からは、底辺が1200mmで高さが600mmの直角二等辺三角形の板を2枚取ることができる。

5　アーク溶接において、クレータとは、溶接金属が十分に母材に融合せず、ビードの縁が母材に重なった状態となっている欠陥をいう。

6　ボルト締めにおけるダブルナットの目的は、振動等によるナットの緩みを防止することである。

7　ガングスリッタは、上下に動く刃により切欠きを行いながら板金を切断する機械である。

8　曲げロール機には、2本のロールで板金を曲げ加工するものがある。

9　クランクプレスでは、一般に、板金の絞り加工はできない。

10　溝たがねは、板金を直線に切断するのに使用する。

11　永久ひずみとは、材料に弾性限度を超える荷重を加えた場合に生じるひずみをいう。

12　建築物における筋かいは、主として、建築物に加えられる水平方向の荷重に抵抗する。

［A群（真偽法）］

13　日本産業規格(JIS)によれば、製図において、想像線は細い二点鎖線で表す。

14　2Ωと6Ωの抵抗を並列に接続した場合の合成抵抗は、1.5Ωである。

15　三相誘導電動機は、運転時の電源の周波数が50Hzの場合と60Hzの場合で回転数が異なる。

16　労働安全衛生法関係法令によれば、事業者は、高さが2m以上の作業床の端、開口部等で墜落により労働者に危険を及ぼすおそれのある箇所には、原則として、囲い、手すり、覆い等を設けなければならない。

17　キャンバス継手は、ダクト間の振動絶縁や寸法誤差の吸収のために用いられる。

18　公共建築工事標準仕様書(機械設備工事編)によれば、山形鋼によるダクトの補強において、山形鋼を取り付けるリベットの最大間隔は、120mmである。

19　公共建築工事標準仕様書(機械設備工事編)によれば、排煙ダクトは、特記がない場合は、亜鉛鉄板製とする。

20　公共建築工事標準仕様書(機械設備工事編)によれば、アングルフランジ工法ダクトにおける接合用フランジの最大間隔は、ダクトの長辺の寸法に関係なく1820mmである。

21　公共建築工事標準仕様書(機械設備工事編)によれば、排気フードの吊り間隔は、1800mmである。

22　ひも出しロール機は、ロールの形状を変えることにより、縁曲げ、縁巻き、段付けなどの加工ができる。

23　ダクト内の風量が一定の場合、ダクトの断面積が大きくなれば、ダクト内の風速は速くなる。

24　施工計画には、一般に、工事完了後の引渡しに関する計画も含まれる。

25　実管スリーブとは、内寸がダクトの外寸よりもわずかに大きな枠状の部材で、鉄筋コンクリート造等の建築物の躯体工事の際に壁や床のダクト貫通箇所に入れられ、躯体工事後にダクトを通すための貫通穴となるものをいう。

［B群（多肢択一法)］

1　せん断加工により切り出した鋼板を最小曲げ半径に近い曲げ半径で曲げる場合、鋼板の割れ防止対策として、適切でないものはどれか。

イ　曲げ半径が最小曲げ半径よりも小さくならないようにする。

ロ　曲げ線が鋼板の圧延方向と平行にならないようにする。

ハ　直角に2方向の曲げを行う場合は、双方の曲げ線が交わる箇所に割止め孔をあける。

ニ　鋼板は、端部にかえり(バリ)がある方の面を外側にして曲げる。

2　下図に示す斜円錐《すい》形の製品を板金加工により作る場合の展開図法として、最も適切なものはどれか。

イ　三角形法

ロ　三角形法と放射線法の併用

ハ　平行線法

ニ　三角形法と平行線法の併用

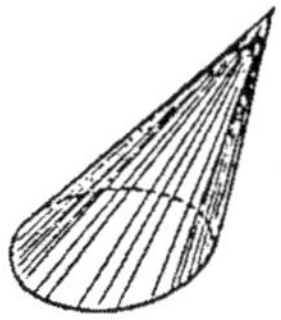

3　図Aに示す長さLの鋼板を長さ方向の中央付近で90°折り曲げた場合、図Bに示す断面形状となり、折曲げ後の当該長さ方向の寸法A＋Bは、L＋2mmに等しくなるものとする。同じ条件で、図Aの鋼板を図Cに示す断面形状及び各部寸法となるように長さ方向の途中4箇所を90°折り曲げる場合、鋼板の長さL(板取り寸法)として、適切なものはどれか。ただし、鋼板の厚さは考えないものとする。

イ　$L=2\times(c+d)+e-8\text{mm}$

ロ　$L=2\times(c+d)+e-6\text{mm}$

ハ　$L=2\times(c+d)+e-4\text{mm}$

ニ　$L=2\times(c+d)+e-2\text{mm}$

<図A>

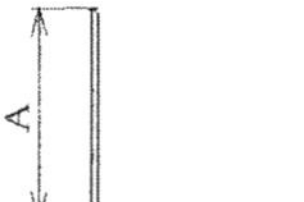

<図B>

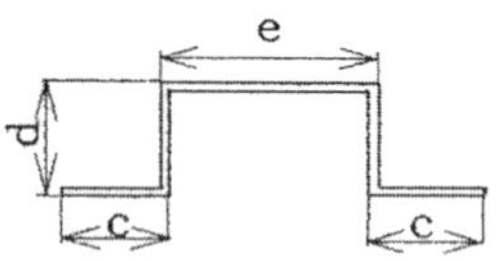

<図C>

4　被覆アーク溶接棒の被覆剤(フラックス)の役割に関する記述として、適切でないものはどれか。

イ　溶けた金属を保護する。

ロ　溶接金属を流れやすくする。

ハ　溶接金属に必要な元素を添加する。

ニ　溶接金属の急冷を促す。

［B群（多肢択一法）］

5　リベット締めに関する記述として、適切でないものはどれか。

イ　リベットの長さは、接合する板材の厚さと同じにする。

ロ　リベットの太さは、接合する板材の厚さによって決める。

ハ　リベットの材質には、軟鋼、銅、アルミニウム等がある。

ニ　リベット継手には、重ね継手と突合せ継手がある。

6　スケヤシャーのシャー角に関する記述として、適切でないものはどれか。

イ　シャー角を大きくしても、切断した板材に曲がりが生じる原因とはならない。

ロ　上刃にシャー角を付ける目的は、板材を切断するときに必要な力を小さくするためである。

ハ　厚板を切断するときは、薄板を切断するときよりもシャー角を大きくする方がよい。

ニ　シャー角を大きくすると、切断した板材に生じるねじれが大きくなる。

7　クランク式プレスブレーキの構造に関する記述として、適切でないものはどれか。

イ　フライホイールの回転エネルギーを利用して加工を行う。

ロ　クランク軸が下死点に近いほど、大きな加圧力を発生させることができる。

ハ　加工時には、下型が上昇する。

ニ　穴あけ等の加工にも適している。

8　機械プレスと比較した油圧プレスの特徴として、適切でないものはどれか。

イ　生産(加工)速度が遅い。

ロ　最大加圧力が大きい。

ハ　ストロークを長くできない。

ニ　加圧力の調整が容易にできる。

9　ディスクグラインダで研削を行う場合、被研削面に対する研削といしの角度として、適切なものはどれか。

イ　5～10°

ロ　20～30°

ハ　40～50°

ニ　50～65°

10　丸パンチで鋼板に穴あけをする場合、丸パンチの抜き荷重Pの計算式として、適切なものはどれか。

イ　P＝丸パンチの周長×鋼板の板厚×鋼板のせん断強さ

ロ　P＝丸パンチの径を直径とする円の面積×鋼板の板厚×鋼板のせん断強さ

ハ　P＝丸パンチの周長×鋼板の板厚×鋼板の圧縮強さ

ニ　P＝丸パンチの径を直径とする円の面積×鋼板の板厚×鋼板の圧縮強さ

［B群（多肢択一法）］

11　小屋組みに関する記述として、適切でないものはどれか。

イ　和小屋は、小屋づかを立てて母屋を支える。

ロ　洋小屋は、各部材をトラスに組んで荷重に耐える。

ハ　和小屋の小屋づかは、水平荷重を梁に伝える。

ニ　洋小屋の小屋づかには、真づかや吊づか等がある。

12　日本産業規格(JIS)の建築製図通則によれば、材料構造表示記号とその表示事項の組合せとして、誤っているものはどれか。

	表示記号	表示事項
イ	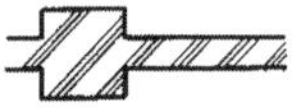	コンクリート及び鉄筋コンクリート
ロ		普通ブロック
ハ		軽量壁一般
ニ		木材及び木造壁(化粧材)

13　導線に100Vの電圧をかけたときに10Aの電流が流れた場合、この導線の電気抵抗として、適切なものはどれか。

イ　1Ω

ロ　10Ω

ハ　100Ω

ニ　1000Ω

14　下図のうち、ねじ締めによる機械器具への電線の接続状態として、適切なものはどれか。ただし、ねじは右ねじとする。

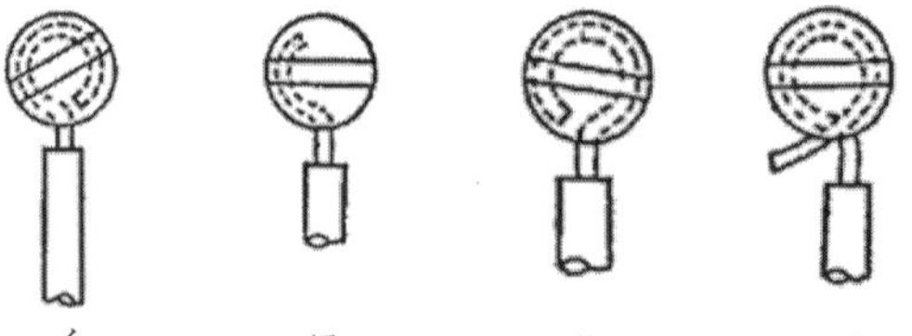

イ　ロ　ハ　ニ

［B群（多肢択一法）］

15　文中の(　　)内に当てはまる数値の組合せとして、正しいものはどれか。

労働安全衛生法関係法令によれば、事業者は、研削といしについては、その日の作業を開始する前には(①)分間以上、研削といしを取り替えたときには(②)分間以上試運転をしなければならない。

	①	②
イ	1	3
ロ	2	4
ハ	3	6
ニ	4	8

16　文中の(　　)内に当てはまる語句の組合せとして、正しいものはどれか。

公共建築工事標準仕様書(機械設備工事編)によれば、低圧ダクトの常用圧力は、正圧で+(①)Pa以下、負圧で−(②)Pa以内である。

	①	②
イ	500	500
ロ	500	1000
ハ	1000	500
ニ	1000	1000

17　厨房用排気ダクトに使用するガスケットとして、適切なものはどれか。

イ　フッ素系
ロ　ポリ塩化ビニル系
ハ　ブチルゴム系
ニ　ガラス繊維系

18　文中の(　　)内に当てはまる数値として、正しいものはどれか。

公共建築工事標準仕様書(機械設備工事編)によれば、高圧1ダクト用及び高圧2ダクト用のスパイラルダクトにおいて、呼称寸法が200mm以下の場合の直管の板厚(適用表示厚さ)は、(　　)mmである。

イ　0.3
ロ　0.5
ハ　0.8
ニ　1.0

19　文中の(　　)内に当てはまる数値として、正しいものはどれか。

公共建築工事標準仕様書(機械設備工事編)によれば、長方形ダクトの縦横比は、原則として、(　　)以下とする。

イ　3
ロ　4
ハ　5
ニ　6

［Ｂ群（多肢択一法)］

20　文中の(　　)内に当てはまる数値として、正しいものはどれか。

公共建築工事標準仕様書(機械設備工事編)によれば、アングルフランジ工法の横走りダクトは、吊り間隔(　　)mm以下ごとに、標準図による吊りを行う。

イ　1820

ロ　2750

ハ　3000

ニ　3640

21　次のうち、記号CDで表されるものはどれか。

イ　防火ダンパー

ロ　防煙ダンパー

ハ　風量調整ダンパー

ニ　逆流防止ダンパー

22　一般に、手加工による板金の折曲げに使用しない工具はどれか。

イ　レール当盤

ロ　かたな刃

ハ　柳刃

ニ　影たがね

23　一般に、下図の換気方法が適さない部屋はどれか。

イ　厨房

ロ　倉庫

ハ　手術室

ニ　便所

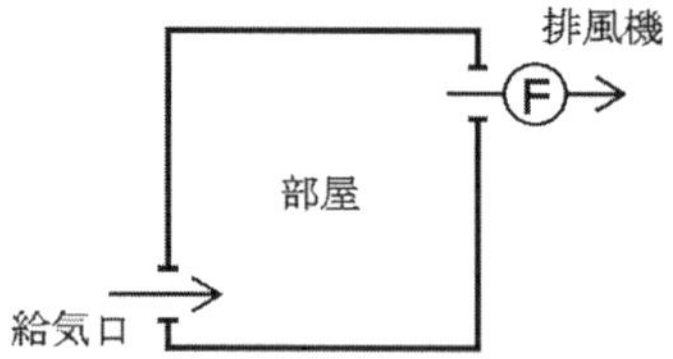

24　鉄筋コンクリート造に関する記述として、適切なものはどれか。

イ　一般に、耐久性・耐震性に優れている。

ロ　50階以上の超高層建築物に適している。

ハ　略称として、SRC造とも呼ばれる。

ニ　一般に、鉄骨造よりも耐火性能が劣る。

25　高所でのダクトの取付け(吊込み)に使用する足場等として、適切でないものはどれか。

イ　枠組足場

ロ　ローリングタワー

ハ　はしご

ニ　高所作業車

令和3年度 技能検定
1級 建築板金 学科試験問題
（ダクト板金作業）

1. 試験時間　1時間40分
2. 問題数　50題(A群25題、B群25題)
3. 注意事項

（1）係員の指示があるまで、この表紙はあけないでください。

（2）答案用紙(真偽法と多肢択一法の併用)に検定職種名、作業名、級別、受検番号、氏名を必ず記入してください。

（3）係員の指示に従って、問題数を確かめてください。それらに異常がある場合は、黙って手を挙げてください。問題はA群(真偽法)とB群(多肢択一法)とに分かれています。

（4）試験開始の合図で始めてください。

（5）解答の方法(真偽法と多肢択一法の併用)は次のとおりです。

イ．A群の問題(真偽法)は、一つ一つの問題の内容が正しいか、誤っているかを判断して解答してください。

ロ．B群の問題(多肢択一法)は、正解と思うものを一つだけ選んで、解答してください。二つ以上に解答した場合は誤答となります。

ハ．答案用紙(マークシート用紙)へ解答する際は、答案用紙に記載されている注意事項に従ってください。

ニ．答案用紙の解答欄は、A群の問題とB群の問題とでは異なります。所定の解答欄に、試験問題の題数に応じて解答してください。解答欄はA群は50題まで、B群は25題まで解答できるようになっています。

（6）電子式卓上計算機その他これと同等の機能を有するものは、使用してはいけません。

（7）携帯電話、スマートフォン、ウェアラブル端末等は、使用してはいけません。

（8）試験中、質問があるときは、黙って手を挙げてください。ただし、試験問題の内容、漢字の読み方等に関する質問にはお答えできません。

（9）試験終了時刻前に解答ができあがった場合は、黙って手を挙げて、係員の指示に従ってください。

（10）試験中に手洗いに立ちたいときは、黙って手を挙げて、係員の指示に従ってください。

（11）試験終了の合図があったら、筆記用具を置き、係員の指示に従ってください。

［A群（真偽法）］

1　板金の曲げ加工において、材質及び曲げ半径が同じであれば、加工後のスプリングバック量は、板厚が薄いほど大きくなる。

2　板金の曲げ加工において、板金の板厚に対して曲げ半径が小さくなると、加工後の板金の中立面(中立軸)は、曲げの外側へ移動する。

3　半径と高さの比が3：4である直円錐《すい》の側面の展開図における円弧の角度(扇形の中心角)は、180°である。

4　1000mm×1700mmの長方形の板からは、一辺が1100mmの正三角形の板を2枚取ることができる。

5　ガス溶接において、溶接器の火口が過熱した場合は、ガスの供給を止め、酸素のみを少量出しながら火口を水に浸して冷却するとよい。

6　リベット締めによる板金の接合は、溶接による接合よりも板金にひずみが発生しにくい。

7　スケヤシャーで板金を切断する場合、シャー角が大きいほど、切り落とされた板金のひずみは小さくなる。

8　ピンチタイプの3本ロール機は、板厚が薄い板金の曲げ加工に適している。

9　機械プレスは、一般に、油圧プレスよりも容易にストロークの長さを変更できる。

10　M形ノギスには、溝や穴等の深さを測定する機能を備えたものもある。

11　鋼板は、弾性限度を超えない荷重が繰り返し加えられても、金属疲労を生じない。

12　鉄筋コンクリート造では、主として、コンクリートが圧縮力に抵抗し、鉄筋が引張り力に抵抗する。

13　日本産業規格(JIS)の建築製図通則によれば、次の平面表示記号は、引違い戸を表す。

14　電圧が一定の場合、直流の電気回路に流れる電流の大きさは、抵抗に比例する。

15　ヒューズは、電気回路に対して並列に接続する。

［A群（真偽法）］

16　労働安全衛生法関係法令によれば、玉掛けの業務に関する安全のための特別の教育を受けた者は、つり上げ荷重が5トンのクレーンの玉掛けの業務を行うことができる。

17　公共建築工事標準仕様書(機械設備工事編)によれば、低圧ダクトの常用圧力は、正圧で＋500Pa以下、負圧で－500Pa以内とされている。

18　公共建築工事標準仕様書(機械設備工事編)によれば、一般用ダクト(排煙用は除く。)に用いるたわみ継手は、繊維系クロスを二重にした構造で、内部にピアノ線を挿入する等の変形抑制措置を施したものとするとされている。

19　18-8ステンレス鋼(SUS304)は、約18%のクロムと約8%のニッケルを含有している。

20　公共建築工事標準仕様書(機械設備工事編)によれば、アングルフランジ工法ダクトにおけるフランジの取付け方法は、スポット溶接としてもよいとされている。

21　公共建築工事標準仕様書(機械設備工事編)によれば、スパイラルダクトの直管の呼称寸法は、外径を基準とするとされている。

22　ニブリングマシンは、板金を曲線状に切断することもできる。

23　第一種換気方式とは、給気と排気の両方を機械により強制的に行うものをいう。

24　施工計画には、一般に、労務や原価管理に関する計画は含まれない。

25　実管スリーブとは、鉄筋コンクリート造等の建築物の躯体工事の際に壁や床のダクト貫通箇所に入れられるスリーブのうち、躯体工事後にダクトの実管として用いるものをいう。

［B群（多肢択一法）］

1　プレスブレーキでV字曲げを行う際のスプリングバックの軽減方法に関する記述として、適切でないものはどれか。

イ　上刃の先端Rが小さい型を使用する。

ロ　上刃の先端角が曲げ角度よりも2°程度小さい型を使用する。

ハ　底突き曲げを行い、曲げ部への集中圧力を高める。

ニ　曲げ時の加圧力を弱くする。

2　右下の投影図のように四角筒が交わる円筒の展開図として、適切なものはどれか。

＜展開図＞

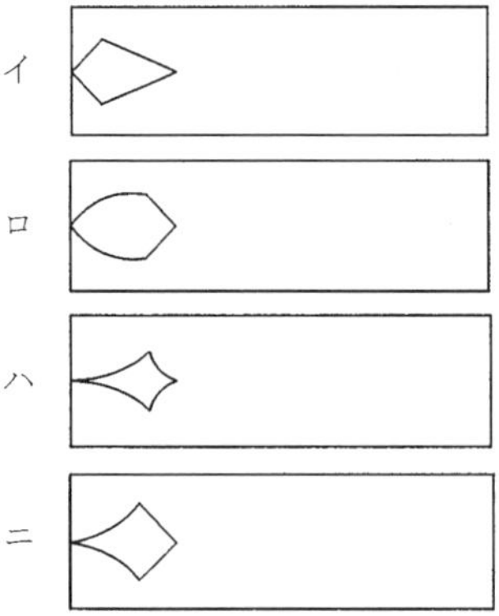

＜投影図＞

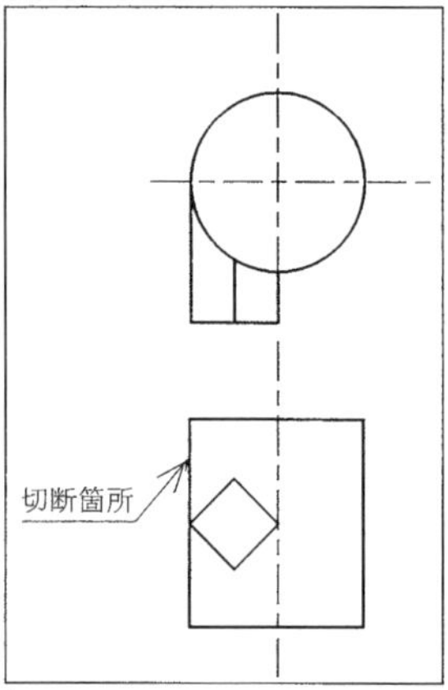

3　図Aに示す長さLの鋼板を長さ方向の中央付近で90°折り曲げた場合、図Bに示す断面形状となり、折曲げ後の当該長さ方向の寸法A＋Bは、L＋2mmに等しくなるものとする。同じ条件で、図Aの鋼板を図Cに示す断面形状及び各部寸法となるように長さ方向の途中3箇所で90°折り曲げる場合、鋼板の長さL(板取り寸法)として、適切なものはどれか。ただし、鋼板の厚さは考えないものとする。

イ　L＝c＋2×d＋e－8mm

ロ　L＝c＋2×d＋e－6mm

ハ　L＝c＋2×d＋e－4mm

ニ　L＝c＋2×d＋e－2mm

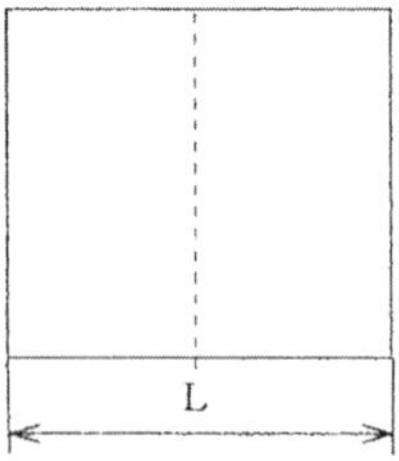

＜図A＞

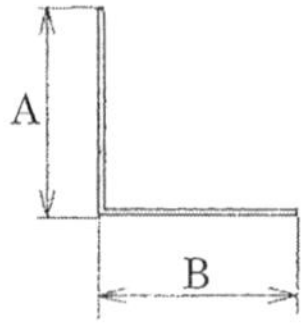

＜図B＞

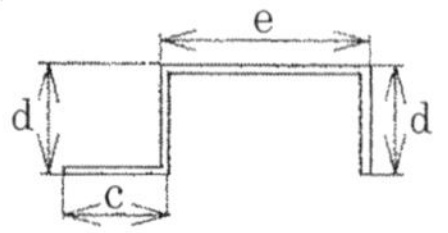

＜図C＞

［B群（多肢択一法）］

4　アセチレンガスの性質に関する記述として、適切でないものはどれか。
　イ　水素と炭素の化合物である。
　ロ　アセトンによく溶解する。
　ハ　支燃性ガスである。
　ニ　不安定なガスである。

5　リベット締めに関する記述として、適切でないものはどれか。
　イ　リベット継手には、重ね継手と突合せ継手がある。
　ロ　リベットの太さは、接合する板材の厚さによって決める。
　ハ　リベットから接合する板材の端までの距離は、一般に、リベット穴の中心からリベットの呼び径の1倍とされる。
　ニ　リベットのピッチは、リベット継手の種類によっても異なる。

6　直刃せん断機の刃部のクリアランスに関する記述として、適切でないものはどれか。
　イ　クリアランスが小さすぎると、板金に二次せん断が生じるおそれがある。
　ロ　クリアランスが小さすぎると、刃を傷めやすい。
　ハ　クリアランスが大きくなるほど、切断した板金に生じるだれやかえり(バリ)が大きくなる。
　ニ　クリアランスが大きくなるほど、板金の切断に要する力が大きくなる。

7　プレスブレーキの曲げ能力を最大加圧力以外で表す方法として、適切なものはどれか。
　イ　90°（V字形)に曲げ得る軟鋼板の最大板厚で表す。
　ロ　90°（V字形)に曲げ得る軟鋼板の最大板厚と長さで表す。
　ハ　90°（V字形)に曲げ得る軟鋼板の最大長さで表す。
　ニ　曲げ得る軟鋼板の最大板厚と曲げ角度で表す。

8　次のうち、せん断加工でないものはどれか。
　イ　ブランキング
　ロ　ピアシング
　ハ　コイニング
　ニ　ノッチング

9　板金作業に使用する工具に関する記述として、適切でないものはどれか。
　イ　電動ニブラは、板金に生じる切断ひずみが比較的少ない切断工具である。
　ロ　かたな刃は、板金を直線に切断するのに使用する。
　ハ　はぜおこしは、はぜ組みの縁曲げ不良部の修正に使用する。
　ニ　いちょうばならしは、円形板の縁折りに使用する。

［B群（多肢択一法）］

10　下図のような単純ばりに等分布荷重が加えられたときの曲げモーメント図として、適切なものはどれか。

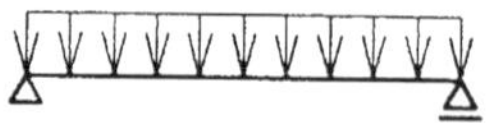

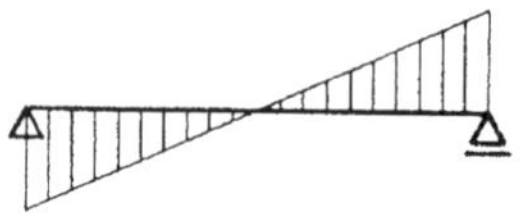

イ

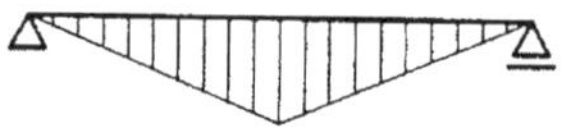

ロ

ハ

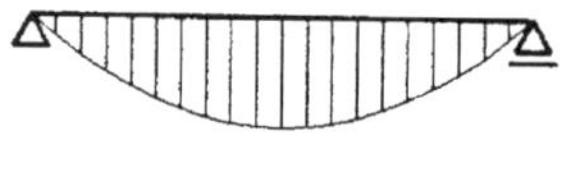

ニ

11　下図の軸組部分における部材の名称として、適切でないものはどれか。

イ　胴差し

ロ　筋かい

ハ　管柱

ニ　地回り

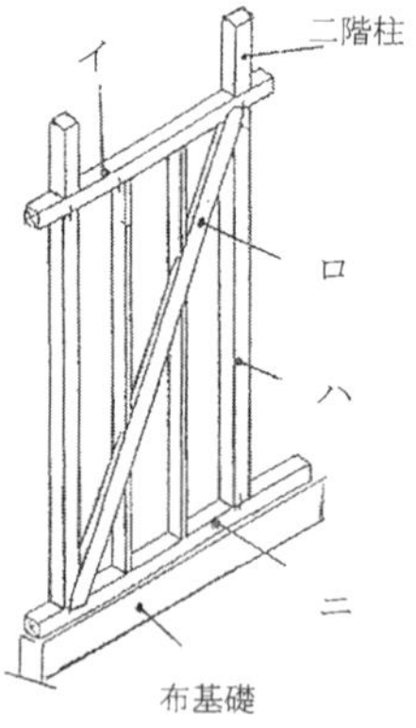

12　日本産業規格(JIS)によれば、次のうち、すみ肉溶接を表す溶接記号として、適切でないものはどれか。

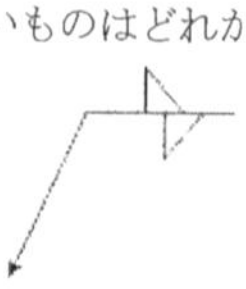

イ

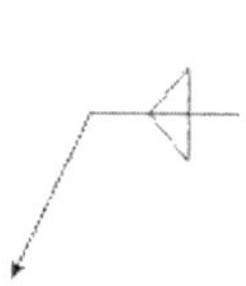

ロ

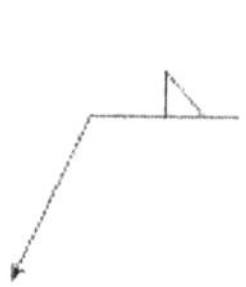

ハ

ニ

［B群（多肢択一法）］

13　下図のように電気抵抗が接続されている場合の合成抵抗値として、適切なものはどれか。

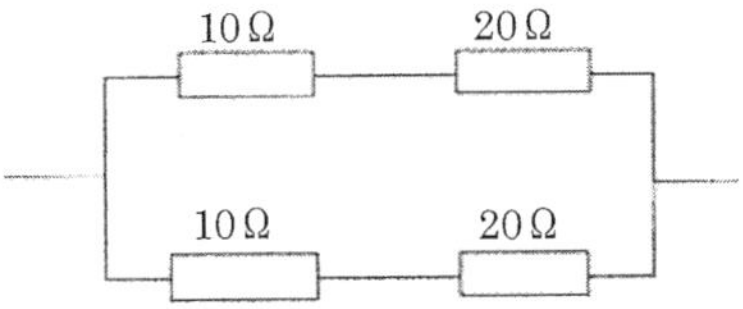

イ　15Ω
ロ　30Ω
ハ　45Ω
ニ　60Ω

14　文中の(　　)内に当てはまる数値として、適切なものはどれか。

誘導電動機の電源の周波数を60Hzから50Hzに変えた場合、誘導電動機の1分間当たりの回転数は、約(　　)倍となる。

イ　0.8
ロ　1.2
ハ　1.5
ニ　1.7

15　文中の(　　)内に当てはまる数値として、適切なものはどれか。

労働安全衛生法関係法令によれば、対地電圧が(　　)Vを超える移動式又は可搬式の電動機械器具については、漏電による感電の危険を防止するため、原則として、当該電動機械器具が接続される電路に、当該電路の定格に適合し、感度が良好であり、かつ、確実に動作する感電防止用漏電しゃ断装置を接続しなければならないとされている。

イ　100
ロ　150
ハ　200
ニ　400

16　公共建築工事標準仕様書(機械設備工事編)によれば、断面寸法が600mm×300mmの長方形ダクトの吊り用ボルトの呼び径として、適切なものはどれか。

イ　6mm
ロ　8mm
ハ　9mm
ニ　12mm

17　文中の(　　)内に当てはまる数値として、適切なものはどれか。

公共建築工事標準仕様書(機械設備工事編)によれば、長辺が1200mm以下の共板フランジ工法ダクトの接続に用いるコーナー金具は、亜鉛鉄板製で、板厚が(　　)mm以上のものとされている。

イ　0.8
ロ　1.0
ハ　1.2
ニ　1.6

［B群（多肢択一法）］

18　文中の(　　)内に当てはまる数値として、適切なものはどれか。

公共建築工事標準仕様書(機械設備工事編)によれば、低圧ダクト用のスパイラルダクトにおいて、呼称寸法が450mm以下の場合の直管の板厚(適用表示厚さ)は、(　　)mmとされている。

イ　0.3
ロ　0.5
ハ　0.8
ニ　1.0

19　文中の(　　)内に当てはまる数値として、適切なものはどれか。

公共建築工事標準仕様書(機械設備工事編)によれば、長方形ダクトの縦横比は、原則として、(　　)以下とするとされている。

イ　2
ロ　3
ハ　4
ニ　6

20　文中の(　　)内に当てはまる数値として、適切なものはどれか。

公共建築工事標準仕様書(機械設備工事編)によれば、排煙ダクトは、木材その他の可燃物から(　　)mm以上離して設置することとされている。

イ　50
ロ　100
ハ　150
ニ　200

21　次のうち、防火ダンパーを表す記号はどれか。

イ　VD
ロ　SD
ハ　CD
ニ　FD

22　プラズマ切断機に関する記述として、適切でないものはどれか。

イ　使用時には、粉じん対策を十分に行う。
ロ　切断時に圧縮空気を使用するため、エアコンプレッサが必要である。
ハ　ステンレス鋼の切断にも使用できる。
ニ　切断時には、切断トーチにアセチレンガスを供給する。

［B群（多肢択一法）］

23　ダクト内において、風量が一定の場合における風速に関する記述として、適切なものはどれか。
　イ　ダクトの断面積に比例する。
　ロ　ダクトの断面積に反比例する。
　ハ　ダクトの断面積には影響されない。
　ニ　ダクトの長さに比例する。

24　鉄筋コンクリート造に関する記述として、適切なものはどれか。
　イ　一般に、耐久性・耐震性に優れている。
　ロ　50階以上の超高層建築物に適している。
　ハ　鉄骨を骨組みとし、それに鉄筋を巻いてコンクリートを打ち込んだ構造である。
　ニ　一般に、鉄骨造よりも耐火性能が劣る。

25　労働安全衛生法関係法令によれば、移動式クレーンの業務に関する記述として、適切でないものはどれか。
　イ　吊り上げ荷重が1t未満の移動式クレーンの運転(道路上を走行する運転を除く。)は、この業務に関する特別教育を受けた者が行う。
　ロ　移動式クレーンを用いて作業を行うときは、原則として、移動式クレーンの運転について一定の合図を定める。
　ハ　原則として、移動式クレーンにより労働者を運搬してはならない。
　ニ　移動式クレーンの運転者は、移動式クレーンのエンジンを切れば、荷を吊ったままでも運転位置を離れてよい。

令和２年度 技能検定
１級 建築板金 学科試験問題
（ダクト板金作業）

1. 試験時間　1時間40分
2. 問題数　　50題(A群25題、B群25題)
3. 注意事項

（1） 係員の指示があるまで、この表紙はあけないでください。

（2） 答案用紙(真偽法と多肢択一法の併用)に検定職種名、作業名、級別、受検番号、氏名を必ず記入してください。

（3） 係員の指示に従って、問題数を確かめてください。それらに異常がある場合は、黙って手を挙げてください。問題はA群(真偽法)とB群(多肢択一法)とに分かれています。

（4） 試験開始の合図で始めてください。

（5） 解答の方法(真偽法と多肢択一法の併用)は次のとおりです。

イ．　A群の問題(真偽法)は、一つ一つの問題の内容が正しいか、誤っているかを判断して解答してください。

ロ．　B群の問題(多肢択一法)は、正解と思うものを一つだけ選んで、解答してください。二つ以上に解答した場合は誤答となります。

ハ．　答案用紙(マークシート用紙)へ解答する際は、答案用紙に記載されている注意事項に従ってください。

ニ．　答案用紙の解答欄は、A群の問題とB群の問題とでは異なります。所定の解答欄に、試験問題の題数に応じて解答してください。解答欄はA群は50題まで、B群は25題まで解答できるようになっています。

（6） 電子式卓上計算機その他これと同等の機能を有するものは、使用してはいけません。

（7） 携帯電話、スマートフォン、ウェアラブル端末等は、使用してはいけません。

（8） 試験中、質問があるときは、黙って手を挙げてください。ただし、試験問題の内容、漢字の読み方等に関する質問にはお答えできません。

（9） 試験終了時刻前に解答ができあがった場合は、黙って手を挙げて、係員の指示に従ってください。

（10） 試験中に手洗いに立ちたいときは、黙って手を挙げて、係員の指示に従ってください。

（11） 試験終了の合図があったら、筆記用具を置き、係員の指示に従ってください。

［Ａ群（真偽法)］

1　同一材質で板厚が同じ場合、スプリングバック量は、一般に、曲げ半径が小さいほど大きくなる。

2　曲げ加工のボトミングは、底突き曲げである。

3　下図は、三角錐《すい》の投影図であるが、線分O－Aは、線分O′－A′の実長である。

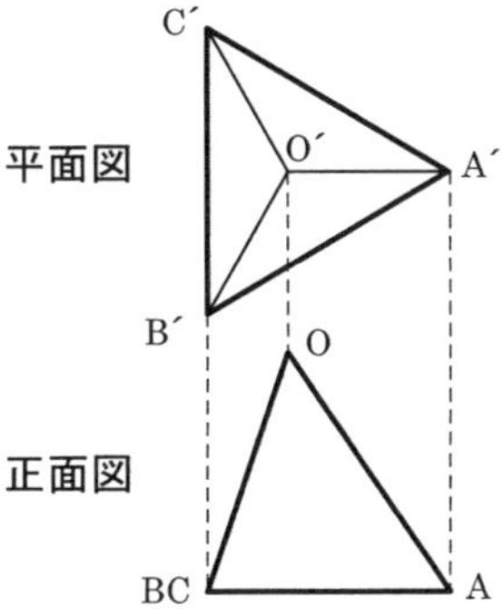

4　910mm×910mmの板からは、底辺が1200mm、高さが600mmの直角二等辺三角形を2枚取ることができない。

5　アーク溶接の溶接金属が母材に融合せず、ビードの縁が母材に重なり合っている欠陥を、オーバラップという。

6　リベット継手は、一般に、溶接継手よりもひずみの発生が多い。

7　直刃せん断機の所要せん断力は、上刃と下刃のクリアランスが小さいほど小さくなる。

8　プレスブレーキは、金型を交換することによって円形や角形の曲げ加工ができる。

9　油圧プレスは、機械プレスよりもストローク長さを容易に変更できる。

10　溝たがねは、はぜ締め作業に使用する。

11　鋼板は、弾性限度を超えない荷重でも、繰り返して荷重をかけると金属疲労が生じる。

［A群（真偽法）］

12　建築基準法関係法令において、ひさしは、主要構造部に含まれる。

13　日本産業規格(JIS)において、製図における想像線は、一点鎖線で表される。

14　3Ωと6Ωの抵抗を並列に接続した場合の合成抵抗は、2Ωである。

15　ヒューズは、電気回路に対して直列に入れるとよい。

16　労働安全衛生法関係法令によれば、脚立を使用する場合、脚立の脚と水平面との角度は、80°以下とするとされている。

17　公共建築工事標準仕様書(機械設備工事編)によれば、一般用ダクト(排煙用は除く。)に用いるたわみ継手の材料は、不燃性能を有するものとされている。

18　公共建築工事標準仕様書(機械設備工事編)によれば、スパイラルダクトの呼称寸法は、内径を基準とする。

19　公共建築工事標準仕様書(機械設備工事編)によれば、ダクトに使用する鋼リベットは、亜鉛めっきを施さなくてもよい。

20　公共建築工事標準仕様書(機械設備工事編)によれば、アングルフランジ工法ダクトにおいて、ダクトの長辺が450mm以下の低圧ダクトの板厚の適用表示厚さは、0.3mmである。

21　公共建築工事標準仕様書(機械設備工事編)によれば、排気フードの吊り間隔は、2000mmとする。

22　交流アーク溶接機は、直流アーク溶接機よりもアークの安定性が良い。

23　風量が一定の場合、ダクト内の風速は、ダクトの断面積に反比例する。

24　施工計画を決める要因には、一般に、工程のほかに労務や材料手配等も含まれる。

25　実管スリーブの主な目的は、ダクト貫通箇所の躯体補強である。

［B群（多肢択一法）］

1　スケヤシャーで軟鋼板を切断するときの板厚に対するクリアランスとして、最も適切なものはどれか。

イ　1～ 2%
ロ　5～10%
ハ　15～20%
ニ　25～30%

2　下図に示す斜円錐《すい》の製品を作る場合、適切な展開図法はどれか。

イ　三角形法と放射線法の併用
ロ　放射線法
ハ　三角形法と平行線法の併用
ニ　平行線法

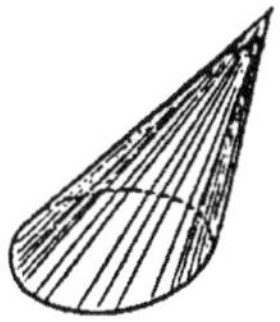

3　円筒における円周の板取り寸法の計算式として、適切でないものはどれか。

イ　(外径－板厚)×π
ロ　(外径－板厚×2)×π
ハ　中立線直径×π
ニ　(内径＋板厚)×π

4　被覆アーク溶接棒の被覆剤(フラックス)の役割に関する記述として、適切でないものはどれか。

イ　アークを安定させる。
ロ　溶けた金属を保護する。
ハ　溶接金属の急冷を促す。
ニ　溶接金属に必要な元素を添加する。

5　リベット接合に関する記述として、適切でないものはどれか。

イ　リベットの材質には、軟鋼、銅、アルミニウム合金などがある。
ロ　リベットの形状には、丸、皿、なべ、平などがある。
ハ　リベット継手には、重ね継手と突合せ継手がある。
ニ　リベットの径は、接合する母材の厚さとは関係がない。

6　スケヤシャーのシャー角を小さくした場合に関する記述として、適切でないものはどれか。

イ　薄板の切断に適する。
ロ　製品の寸法精度が高くなる。
ハ　製品のねじれが少なくなる。
ニ　せん断に要する力が小さくなる。

［Ｂ群（多肢択一法）］

7　曲げ加工用機械に関する記述として、適切でないものはどれか。

イ　プレスブレーキは、一般に、板金の曲げ加工用として使われる。

ロ　手動式の万能折曲げ機による加工製品は、一般に、加工きずがつきにくい。

ハ　プレスブレーキの曲げ精度は、一般に、手動式の万能折曲げ機よりも低い。

ニ　曲げロール機には、2本のロールを使用したものがある。

8　次のうち、せん断加工でないものはどれか。

イ　コイニング

ロ　穴あけ

ハ　打抜き

ニ　切欠き

9　測定器具及び工具に関する記述として、適切でないものはどれか。

イ　平行台及びVブロックは、けがき作業に使用される。

ロ　トースカンは、定盤上にある工作物に対して曲線をけがくのに適している。

ハ　ノギスのデプスバーは、溝の深さを測定するのに使用する。

ニ　パスには、外パスや内パス等がある。

10　板厚だけが異なる材料に対し、同一条件で曲げ加工を行う場合の曲げ荷重に関する記述として、適切なものはどれか。

イ　板厚に比例する。

ロ　板厚に反比例する。

ハ　板厚の2乗に比例する。

ニ　板厚の2乗に反比例する。

11　建築物の基礎に関する記述として、適切でないものはどれか。

イ　布基礎は、長く連続したものである。

ロ　独立基礎は、不同沈下を起こしにくい。

ハ　べた基礎は、建築物の底面全体で荷重を受けるものである。

ニ　複合基礎は、一つの基盤で複数の柱を支える。

12　次に示す日本産業規格(JIS)における建築外板用波板の表示記号の説明として、誤っているものはどれか。

SGCHA　W2　Z12　0.29×762×1829

イ　形状は、波板2号、小波である。

ロ　表示厚さ(材料の板厚)は、0.29mmである。

ハ　有効幅(重ね幅を除いた材料の幅)は、762mmである。

ニ　長さ(材料の長さ)は、1829mmである。

［B群（多肢択一法）］

13　文中の(　　)内に当てはまる数値の組合せとして、適切なものはどれか。

(　①　)Ωの電気抵抗に、(　②　)Aの電流が流れる電熱器の電力は、500Wである。

	①	②
イ	8	12
ロ	10	10
ハ	20	5
ニ	30	3

14　文中の(　　)内に当てはまる数値として、適切なものはどれか。

50Hzの周波数で使用している誘導電動機を60Hzで使用したとき、回転数は、50Hzの約(　　)倍となる。

イ　0.8
ロ　1.2
ハ　1.5
ニ　1.7

15　文中の(　　)内に当てはまる数値として、正しいものはどれか。

労働安全衛生法関係法令によれば、事業者は、高さ又は深さが(　　)mをこえる箇所で作業を行うときは、原則として、当該作業に従事する労働者が安全に昇降するための設備等を設けなければならないとされている。

イ　1.5
ロ　2.0
ハ　2.5
ニ　3.0

16　文中の(　　)内に当てはまる数値として、適切なものはどれか。

公共建築工事標準仕様書(機械設備工事編)によれば、鋼板製の溶接排煙ダクトの板厚は、(　　)mm以上とするとされている。

イ　1.0
ロ　1.2
ハ　1.5
ニ　2.3

17　屋外の塩害用ダクトに使われる材料として、適切でないものはどれか。

イ　亜鉛鉄板
ロ　ステンレス鋼板
ハ　ガルバリウム鋼板
ニ　ポリ塩化ビニル被覆金属板

［B群（多肢択一法）］

18　文中の(　　)内に当てはまる語句として、適切なものはどれか。

公共建築工事標準仕様書(機械設備工事編)によれば、ダクトの湾曲部の内側半径は、スパイラルダクトの場合、その半径(　　)とする。

イ　以上

ロ　の1.2倍以上

ハ　の1.5倍以上

ニ　の2倍以上

19　公共建築工事標準仕様書(機械設備工事編)によれば、矩形ダクトの縦横比として、適切でないものはどれか。

イ　1：2

ロ　1：3

ハ　1：4

ニ　1：5

20　文中の(　　)内に当てはまる数値として、適切なものはどれか。

公共建築工事標準仕様書(機械設備工事編)によれば、アングルフランジ工法の横走りダクトの吊り間隔は、(　　)mm以下とするとされている。

イ　1820

ロ　2750

ハ　3000

ニ　3640

21　次のうち、防煙ダンパーを表す記号はどれか。

イ　VD

ロ　CD

ハ　SD

ニ　FD

22　文中の(　　)内に当てはまる数値の組合せとして、適切なものはどれか。

公共建築工事標準仕様書(機械設備工事編)によれば、排煙口の手動開放装置の操作箱の取付け高さは、床面より(　①　)mm以上、(　②　)mm以下とする。

	①	②
イ	500	1200
ロ	800	1500
ハ	1000	1800
ニ	1200	2000

［B群（多肢択一法）］

23　公共建築工事標準仕様書(機械設備工事編)によれば、共板フランジ工法ダクトのフランジの最大間隔として、適切なものはどれか。

イ　1750mm
ロ　1850mm
ハ　1950mm
ニ　2050mm

24　建築構造に関する記述として、適切でないものはどれか。

イ　鉄骨造には、重量鉄骨構造と軽量鉄骨構造がある。
ロ　鉄筋コンクリート造において、鉄筋は圧縮力を、コンクリートは引張り力を負担する。
ハ　コンクリートブロック造や石造は、組積造である。
ニ　鉄骨造は、不燃の構造であるが、そのままでは耐火構造にならない。

25　高所作業車の使用に関する記述として、適切でないものはどれか。

イ　使用する前には、制動装置、操作装置及び作業装置の機能について点検を行う。
ロ　強固な地盤の上で作業を行う場合は、アウトリガーを張り出さなくてもよい。
ハ　作業床が左右に移動する高所作業車において、作業床上の労働者は、要求性能墜落制止用器具等を使用する。
ニ　運転者が高所作業車の走行のための運転位置から離れる場合は、原則として、作業床を最低降下位置に置く。

建築板金

正解表

令和4年度　2級　学科試験正解表
建築板金（内外装板金作業）

真偽法

番号	1	2	3	4	5
正解	○	○	×	×	○

番号	6	7	8	9	10
正解	○	○	×	○	×

番号	11	12	13	14	15
正解	×	×	×	○	○

番号	16	17	18	19	20
正解	×	×	○	×	×

番号	21	22	23	24	25
正解	×	○	○	○	○

択一法

番号	1	2	3	4	5
正解	ニ	イ	ハ	ハ	ロ

番号	6	7	8	9	10
正解	ロ	ハ	ハ	イ	ニ

番号	11	12	13	14	15
正解	ハ	イ	ハ	ロ	ハ

番号	16	17	18	19	20
正解	イ	イ	ハ	ニ	ハ

番号	21	22	23	24	25
正解	イ	イ	ニ	ニ	ロ

令和3年度　2級　学科試験正解表
建築板金（内外装板金作業）

真偽法

番号	1	2	3	4	5
正解	×	×	×	○	○

番号	6	7	8	9	10
正解	×	×	×	×	○

番号	11	12	13	14	15
正解	×	×	×	×	○

番号	16	17	18	19	20
正解	×	○	○	○	○

番号	21	22	23	24	25
正解	×	×	○	○	×

択一法

番号	1	2	3	4	5
正解	ロ	イ	ニ	ハ	ハ

番号	6	7	8	9	10
正解	ロ	イ	ニ	ニ	ニ

番号	11	12	13	14	15
正解	ロ	ハ	ロ	ニ	ニ

番号	16	17	18	19	20
正解	ハ	ロ	イ	ロ	イ

番号	21	22	23	24	25
正解	ハ	ハ	ロ	ニ	イ

令和2年度　2級　学科試験正解表
建築板金（内外装板金作業）

真偽法

番号	1	2	3	4	5
正解	○	X	○	○	X

番号	6	7	8	9	10
正解	○	X	○	○	X

番号	11	12	13	14	15
正解	X	X	X	○	○

番号	16	17	18	19	20
正解	○	○	X	X	○

番号	21	22	23	24	25
正解	○	X	○	X	○

択一法

番号	1	2	3	4	5
正解	イ	ロ	ニ	ニ	ハ

番号	6	7	8	9	10
正解	イ	ハ	ニ	ハ	ハ

番号	11	12	13	14	15
正解	ニ	ロ	ニ	イ	イ

番号	16	17	18	19	20
正解	ロ	ロ	ハ	ニ	ハ

番号	21	22	23	24	25
正解	ロ	イ	ニ	ハ	ロ

令和４年度　１級　学科試験正解表
建築板金（内外装板金作業）

真偽法

番号	１	２	３	４	５
正解	○	○	×	○	×

番号	６	７	８	９	１０
正解	○	×	○	×	×

番号	１１	１２	１３	１４	１５
正解	○	○	○	○	○

番号	１６	１７	１８	１９	２０
正解	○	×	○	×	×

番号	２１	２２	２３	２４	２５
正解	○	×	×	×	○

択一法

番号	１	２	３	４	５
正解	ニ	ロ	イ	ニ	イ

番号	６	７	８	９	１０
正解	イ	ハ	ハ	ロ	イ

番号	１１	１２	１３	１４	１５
正解	ハ	ロ	ロ	イ	イ

番号	１６	１７	１８	１９	２０
正解	ハ	ロ	イ	イ	イ

番号	２１	２２	２３	２４	２５
正解	ハ	ハ	ハ	ロ	ロ

令和３年度　１級　学科試験正解表
建築板金（内外装板金作業）

真偽法

番号	１	２	３	４	５
正解	○	×	×	○	○

番号	６	７	８	９	１０
正解	○	×	○	×	○

番号	１１	１２	１３	１４	１５
正解	×	○	×	×	×

番号	１６	１７	１８	１９	２０
正解	×	○	×	○	○

番号	２１	２２	２３	２４	２５
正解	×	○	○	×	○

択一法

番号	１	２	３	４	５
正解	ニ	ニ	ロ	ハ	ハ

番号	６	７	８	９	１０
正解	ニ	ロ	ハ	ロ	ニ

番号	１１	１２	１３	１４	１５
正解	ニ	ロ	イ	イ	ロ

番号	１６	１７	１８	１９	２０
正解	ニ	ハ	ハ	ニ	イ

番号	２１	２２	２３	２４	２５
正解	イ	ニ	ニ	ハ	ニ

令和２年度　１級　学科試験正解表
建築板金（内外装板金作業）

真偽法

番号	1	2	3	4	5
正解	X	○	○	X	○

番号	6	7	8	9	10
正解	X	X	○	○	○

番号	11	12	13	14	15
正解	○	X	X	○	○

番号	16	17	18	19	20
正解	X	○	X	X	X

番号	21	22	23	24	25
正解	○	X	○	○	X

択一法

番号	1	2	3	4	5
正解	ロ	イ	ロ	ハ	ニ

番号	6	7	8	9	10
正解	ニ	ハ	イ	ロ	ハ

番号	11	12	13	14	15
正解	ロ	ハ	ハ	ロ	イ

番号	16	17	18	19	20
正解	ハ	ハ	イ	ハ	イ

番号	21	22	23	24	25
正解	ハ	ニ	イ	ロ	ニ

令和４年度　２級　学科試験正解表
建築板金（ダクト板金作業）

真偽法

番号	１	２	３	４	５
正解	○	○	×	×	○

番号	６	７	８	９	１０
正解	○	○	×	○	×

番号	１１	１２	１３	１４	１５
正解	×	×	×	○	○

番号	１６	１７	１８	１９	２０
正解	×	×	○	○	○

番号	２１	２２	２３	２４	２５
正解	×	○	×	○	×

択一法

番号	１	２	３	４	５
正解	ニ	イ	ハ	ハ	ロ

番号	６	７	８	９	１０
正解	ロ	ハ	ハ	イ	ニ

番号	１１	１２	１３	１４	１５
正解	ハ	イ	ハ	ロ	ハ

番号	１６	１７	１８	１９	２０
正解	イ	ハ	ハ	イ	ロ

番号	２１	２２	２３	２４	２５
正解	イ	ハ	イ	ロ	ニ

令和３年度　２級　学科試験正解表
建築板金（ダクト板金作業）

真偽法

番号	１	２	３	４	５
正解	×	×	×	○	○

番号	６	７	８	９	１０
正解	×	×	×	×	○

番号	１１	１２	１３	１４	１５
正解	×	×	×	×	○

番号	１６	１７	１８	１９	２０
正解	○	○	×	○	×

番号	２１	２２	２３	２４	２５
正解	○	×	○	○	○

択一法

番号	１	２	３	４	５
正解	ロ	イ	ニ	ハ	ハ

番号	６	７	８	９	１０
正解	ロ	イ	ニ	ニ	ニ

番号	１１	１２	１３	１４	１５
正解	ロ	ハ	ロ	ニ	ニ

番号	１６	１７	１８	１９	２０
正解	ハ	ニ	ロ	ハ	イ

番号	２１	２２	２３	２４	２５
正解	イ	ニ	ハ	ニ	イ

令和２年度　２級　学科試験正解表
建築板金（ダクト板金作業）

真偽法

番号	１	２	３	４	５
正解	○	X	○	○	X

番号	６	７	８	９	１０
正解	○	X	○	○	X

番号	１１	１２	１３	１４	１５
正解	X	X	X	○	○

番号	１６	１７	１８	１９	２０
正解	○	○	○	X	X

番号	２１	２２	２３	２４	２５
正解	○	○	○	X	○

択一法

番号	１	２	３	４	５
正解	イ	ロ	ニ	ニ	ハ

番号	６	７	８	９	１０
正解	イ	ハ	ニ	ハ	ハ

番号	１１	１２	１３	１４	１５
正解	ニ	ロ	ニ	イ	イ

番号	１６	１７	１８	１９	２０
正解	ロ	ロ	ニ	ハ	ロ

番号	２１	２２	２３	２４	２５
正解	イ	ハ	ハ	イ	ニ

令和４年度　１級　学科試験正解表
建築板金（ダクト板金作業）

真偽法

番号	１	２	３	４	５
正解	○	○	×	○	×

番号	６	７	８	９	１０
正解	○	×	○	×	×

番号	１１	１２	１３	１４	１５
正解	○	○	○	○	○

番号	１６	１７	１８	１９	２０
正解	○	○	×	○	○

番号	２１	２２	２３	２４	２５
正解	×	○	×	○	×

択一法

番号	１	２	３	４	５
正解	ニ	ロ	イ	ニ	イ

番号	６	７	８	９	１０
正解	イ	ハ	ハ	ロ	イ

番号	１１	１２	１３	１４	１５
正解	ハ	ロ	ロ	イ	イ

番号	１６	１７	１８	１９	２０
正解	イ	ハ	ロ	ロ	ニ

番号	２１	２２	２３	２４	２５
正解	ニ	ハ	ハ	イ	ハ

令和３年度　１級　学科試験正解表
建築板金（ダクト板金作業）

真偽法

番号	１	２	３	４	５
正解	○	×	×	○	○

番号	６	７	８	９	１０
正解	○	×	○	×	○

番号	１１	１２	１３	１４	１５
正解	×	○	×	×	×

番号	１６	１７	１８	１９	２０
正解	×	○	○	○	○

番号	２１	２２	２３	２４	２５
正解	×	○	○	×	○

択一法

番号	１	２	３	４	５
正解	ニ	ニ	ロ	ハ	ハ

番号	６	７	８	９	１０
正解	ニ	ロ	ハ	ロ	ニ

番号	１１	１２	１３	１４	１５
正解	ニ	ロ	イ	イ	ロ

番号	１６	１７	１８	１９	２０
正解	ハ	ハ	ロ	ハ	ハ

番号	２１	２２	２３	２４	２５
正解	ニ	ニ	ロ	イ	ニ

令和２年度　１級　学科試験正解表
建築板金（ダクト板金作業）

真偽法

番号	1	2	3	4	5
正解	×	○	○	×	○

番号	6	7	8	9	10
正解	×	×	○	○	○

番号	11	12	13	14	15
正解	○	×	×	○	○

番号	16	17	18	19	20
正解	×	○	○	×	×

番号	21	22	23	24	25
正解	×	×	○	○	×

択一法

番号	1	2	3	4	5
正解	ロ	イ	ロ	ハ	ニ

番号	6	7	8	9	10
正解	ニ	ハ	イ	ロ	ハ

番号	11	12	13	14	15
正解	ロ	ハ	ハ	ロ	イ

番号	16	17	18	19	20
正解	ハ	イ	イ	ニ	ニ

番号	21	22	23	24	25
正解	ハ	ロ	イ	ロ	ロ

・本書掲載の試験問題及び解答の内容についてのお問い合わせ等には、一切応じられませんのでご了承ください。
・試験問題について、都合により一部、編集しているものがあります。

令和2・3・4年度
1・2級 技能検定　試験問題集　83　建築板金

令和5年4月　初版発行

監　修　中央職業能力開発協会
発　行　一般社団法人 雇用問題研究会
〒103-0002　東京都中央区日本橋馬喰町1-14-5 日本橋Kビル2階
TEL　03-5651-7071(代)　FAX　03-5651-7077
URL　https://www.koyoerc.or.jp
印　刷　株式会社ワイズ
223083
ISBN978-4-87563-682-3 C3000